"KIMETSU NO YAIBA" NO ORENAIKOKORO WO TSUKURUKOTOBA
by Kunimitsu Fujidera
Designed by Nakamitsu Design
Copyright © Kunimitsu Fujidera, 2020 All rights reserved.
Original Japanese edition published by ASA Publishing Co., Ltd.
Korean translation copyright © 2024 by Jaeum&Moeum Publishing Co., Ltd.
This Koean edition published by arrangement with ASA Publishing Co., Ltd., Tokyo,
through BC Agency

「귀멸의
칼날」의
꺾이지 않는 마음을
만드는 말

후지데라 쿠니미츠 지음
이선희 옮김

자음과모음

만화『귀멸의 칼날』의 무대는 사람을 잡아먹는 혈귀(鬼)가 사는 다이쇼 시대(大正時代, 1912~1926). 주인공은 숯을 팔아 가족을 부양하는 카마도 탄지로라는 소년이다. 그의 가족은 비록 가난하지만 서로 사랑하며 하루하루 즐겁게 살아간다. 그런데 탄지로가 숯을 팔러 간 사이에 가족이 혈귀인 키부츠지 무잔에게 죽임을 당하고, 유일하게 살아남은 여동생 네즈코는 혈귀로 변하고 만다.

가족의 시신을 꺼안고 오열하는 탄지로. 그때 귀살대 검사(劍士)인 토미오카 기유가 나타나 네즈코를 죽이려 한다. 탄지로는 그저 "제 누이동생을 죽이지 말아주세요"라고 애원하는 수밖에 없었다. 그런 탄지로에게 싸울 결심을 북돋운 것은 기유의 한마디였다.

"생사여탈권을 남의 손에 쥐여주지 마! 비참하게 웅크리는 짓도 하지 마!"

그 후 탄지로는 네즈코를 인간으로 되돌릴 방법을 찾기 위해 귀살대에 들어가 혈귀와 싸우면서, 네즈코와 함께 최대의 적인 키부츠지 무잔을 쓰러뜨리기로 결심한다.

세대를 초월해 많은 사랑을 받으며 일본뿐 아니라 전 세계에서 높은 평가를 받고 있는 『귀멸의 칼날』. TV 애니메이션으로 만들어지면서 인기에 더욱 불이 붙어, 일본에서는 발행 부수 8천만 부를 돌파했으며 2020년 가을에는 극장판 애니메이션이 개봉하기도 했습니다.

이토록 많은 사람을 사로잡은 『귀멸의 칼날』의 매력은 무엇일까요?

개성 넘치는 캐릭터, 눈물을 쏟게 만드는 명장면, 헉, 하고 숨을 들이마시게 만드는 명대사, 등장인물들의 우정과 유대감과 사랑, 눈물 등, 『귀멸의 칼날』을 사랑하는 이유는 사람마다 다르겠지요.

하지만 뭐니 뭐니 해도 가장 큰 이유는 등장인물들이 자신의 나약함과 마주하고 갈등하면서도, 어떻게든 일어서려고 하는 '꺾이지 않는 마음'을 가지고 있기 때문이 아닐까요?

탄지로와 동료들은 강적을 잇따라 쓰러뜨리면서, 예전부터 가슴속에 있던 애절한 기억과 다른 사람에게서 이어받은 감상적인 기억, 때로는 잔혹한 기억을 극복해나갑니다. 『귀멸의 칼날』 속 모든 에피소드에는 인간의 강인함과 나약함, 허무함이 그려져 있고, 등장인물의 한마디 한마디에는 독자나 시청자를 향해 말하는 듯한 '힘'이 담겨 있습니다.

『귀멸의 칼날』에 담긴 일본 문화나 세계관은 물론이고 작품의 밑바닥에 흐르는 가치관 그리고 말이 가지고 있는 힘에 전 세계 사람들이 공감하는 것은 아닐까요?

이 책에서는 특유의 강인함과 다정함으로 고난을 극복해나가는 탄지로의 말을 비롯해 각 캐릭터의 말에 담긴 진정한 의미를 알아보고, 어떻게 하면 꺾이지 않는 마음을 만들 수 있는지 다섯 가지 주제로 나누어서 살펴보려고 합니다.

① 감정을 움직인다
② 자신을 믿는다

③ 포기하지 않는다

④ 강해진다

⑤ 동료를 생각한다

각 캐릭터의 대사에 담긴 진정한 의미와 작가인 고토게 코요하루의 의도, 각 귀살대 대원이 맡은 사명 등을, 현대를 살아가는 우리는 어떻게 받아들이고 어떻게 삶에 적용해가야 할까요?

사람은 모두 자신만의 사명을 가지고 있습니다.

"나에게 사명 같은 건 없어"라고 생각할지도 모르지만, 당신에게도 이번 삶에서 꼭 이루어야 할 사명이 있습니다. 『귀멸의 칼날』에서 각 캐릭터의 말을 들어보면 당신의 사명을 알아차리고, 그것을 어떻게 실현해야 할지 알 수 있게 될 것입니다.

이 책을 읽는 동안, 지금 당신에게 필요한 말을 만날 수 있기를 바랍니다.

후지데라 쿠니미츠

차례

제3장 포기하지 않는다

제4장 강해진다

제5장 동료를 생각한다

『귀멸의 칼날』 주요 등장인물

◆ 카마도 탄지로

주인공. 여동생을 인간으로 되돌리기 위해 귀살대 대원이 되어 혈귀와 싸운다.

◆ 카마도 네즈코

탄지로의 여동생. 키부츠지 무잔에 의해 혈귀가 되었지만, 식욕을 수면으로 보충하고 있어서 인간을 잡아먹지 않는다.

◆ 아가츠마 젠이츠

탄지로의 귀살대 동기. 귀살대 최강의 검사 중 한 명인 쿠와지마 지고로의 제자. 원래 성격은 겁쟁이다.

◆ 하시비라 이노스케

탄지로의 귀살대 동기. 멧돼지로 자라서 성격이 포악하다.

◆ 시나즈가와 겐야

탄지로의 귀살대 동기. 시나즈가와 사네미의 동생이다.

'주(柱)'라고 불리는 최고위 검사들

◆ 토미오카 기유

'물의 호흡' 사용자, 수주(水柱). 탄지로를 귀살대로 이끈 과묵한 검사이다.

◆ 코쵸우 시노부

'벌레의 호흡' 사용자, 충주(蟲柱). 혈귀를 죽일 수 있는 독을 만들 수 있다.

◆ 렌고쿠 쿄쥬로

'화염의 호흡' 사용자, 염주(炎柱). 대대로 염주를 배출하는 렌고쿠 가문 출신이다.

◆ 우즈이 텐겐

'소리의 호흡' 사용자, 음주(音柱). 닌자 출신. 상현 6과의 싸움에서 부상을 입고 주에서 은퇴했다.

◆ 칸로지 미츠리

'사랑의 호흡' 사용자, 연주(戀柱). 백년해로할 서방님을 찾기 위해 귀살대에 들어왔다.

◆ 토키토 무이치로

'안개의 호흡' 사용자, 하주(霞柱). 검을 잡은 지 불과 두 달 만에 주가 된 수재이다.

◆ 히메지마 교메이

'바위의 호흡' 사용자, 암주(巖柱). 주 중 가장 연장자이며 체격과 완력은 주에서 최고다.

◆ 이구로 오바나이

'뱀의 호흡' 사용자, 사주(蛇柱). 파트너는 카부라마루라는 이름의 하얀 뱀이다.

◆ 시나즈가와 사네미

'바람의 호흡' 사용자, 풍주(風柱). 희귀혈의 소유자. 탄지로의 귀살대 동기인 시나즈가와 겐야의 형이다.

◆ 우부야시키 카가야

귀살대 97대 당주. 듣는 사람을 편안하게 만들어주는 목소리를 가지고 있다.

◆ 키부츠지 무잔

탄지로의 가족을 죽이고 네즈코를 혈귀로 만든 혈귀. 자신의 피로 인간을 혈귀로 만들 수 있다.

제1장

감정을
움직인다

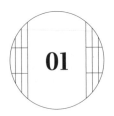

01

힘내!!
사람을 움직이는 원동력은 마음이야.
마음은 한없이 강해질 수 있어!!

카마도 탄지로 / 제53화 「너는」

삶의 보람이나 목표가 없는 너에게 하는 말

귀살대 '주'(귀살대를 지탱하는 기둥)인 코쵸우 시노부의 저택에서 기능회복훈련이 끝나고 여행을 떠나기 전, 탄지로는 잠시 시노부의 츠구코('주'가 직접 키우는 대원)인 카나오와 이야기를 나눕니다. 정해진 일 외에 나머지 선택은 자신의 의지 없이 동전을 던져서 정하는 카나오를 보고 탄지로는 커다란 위화감을 느낍니다. 그래서 카나오를 어떻게든 변화시키기 위해 동전을 하늘 높이 던지면서 말합니다.

"앞면이 나오면 카나오는 자기 마음대로 사는 거야."

카나오가 불안한 눈길로 동전을 바라보는 가운데, 탄지로의 손등에 떨어진 동전은 앞면이었습니다. 이번 주제의 말은 그때 탄지로가 카나오의 손을 잡고 한 말입니다.

당신의 삶의 보람이나 목표는 무엇인가요? 삶의 보람이나 목표라는 말이 크게 느껴진다면 평소에 어떤 데에서 즐거움을 느끼는지 생각해보시기 바랍니다.

삶의 보람이나 목표가 무엇이냐고 물으면 "딱히 이렇다 할 만한 것은 없다"고 대답하는 사람이 있습니다. 명확한 목표를 가지고 사는 사람은 바로 대답할 수 있지만, 그런 사람은 별로 많지 않습니다. 삶의 보람이나 목표를 '매일 모든 에너지를 쏟아서 열심히 하는 것'이라고 여기기 때문이겠지요.

하지만 스스로 그것을 삶의 보람이나 목표라고 여기지 않더라도, 옆에서 보면 훌륭한 삶의 보람이나 목표가 될 수 있습니다.

평소에 응원하는 사람이나 스포츠 팀이 있는 것도 타인 입장에서는 훌륭한 삶의 보람입니다. 책을 읽는 습관도 평소에 책을 읽지 않는 사람의 눈으로 보면 멋진 삶의 보람이라고 할 수 있습니다. 똑같은 행동을 반복하고 있다면, 본인이 의식하지 않아도 주변에서 보기에는 그 행동이 삶의 보람이나 목표라고 생각할 수 있겠지요.

만약 당신에게 "평소에 하던 일을 그만두고 다른 일을 하십시오"라고 하면 어떨 것 같나요? 곧바로 그 일을 그만두거나 다른 일을 찾을 수 있을까요? 의외로 찾지 못하는 경우가 많을 것입니다.

이처럼, 사람은 직접적이든 간접적이든 자신의 행동 하나하나에 대해 제대로 생각하고 있습니다. 매일 당연하게 하는 일이라면 타성적으로 움직이는 것처럼 여길 수도 있지만, 그 밑바탕에는 반드시 원동력이 있고 마음이 움직이고 있습니다. 그리고 몸과 마음은 하나로 이어져 상호작용을 합니다.

자신의 마음을 알 수 없을 때는 자신이 어떤 행동을 하고 있는지 주목해보세요. 또한 어떤 행동을 하고 싶다면 마음을 움직여보시기 바랍니다. 몸이 움직이지 않을 때는 마음을 움직이고, 마음이 움직이지 않을 때는 몸을 움직이는 것입니다.

"전부 아무래도 상관없어"라고 말했던 카나오는 의지가 느껴지는 탄지로의 말과 행동을 계기로, 자신의 내부에서 마음이 희미하게 움직이고 있음을 알아차립니다. 그리고 자신의 눈을 잃을 위험을 감수하면서도 혈귀가 된 탄지로를 구하기 위해 적과 맞서려 할 만큼 성장합니다.

당신도 카나오처럼 내부에 있는 마음의 움직임을 키워서, 마음이 움직였을 때 한 걸음 앞으로 나아가면 어떨까요?

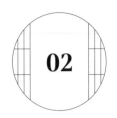

02

분노하라.
결코 용서할 수 없다는
강렬하고 순수한 분노는
팔다리를 움직일 수 있는
흔들림 없는 원동력이 될 테니까.

토미오카 기유 / 제1화 「잔혹」

부정적인 자신을 싫어하는 너에게 하는 말

마을에 숯을 팔러 간 숯장수 탄지로가 다음 날 아침에 집으로 돌아왔더니, 가족 모두가 혈귀인 키부츠지 무잔의 손에 의해 쓰러져 있었습니다. 여동생 네즈코의 몸에만 아직 온기가 남아 있어, 탄지로는 실낱 같은 희망을 품고 네즈코를 업고 의사에게 달려갑니다. 그런데 가는 도중 의식을 찾은 네즈코는 혈귀가 되어 탄지로에게 덤벼듭니다. 그때 네즈코를 처치하기 위해 나타난 사람이 토미오카 기유였습니다. 혈귀를 없애는 것이 인생의 목표인 기유는 여동생을 감싸는 탄지로를 비정하게 몰아붙입니다. 이번 주제의 말은 그때 기유가 탄지로를 향해 마음속으로 한 말입니다.

희로애락은 사람을 움직이는 힘을 가지고 있습니다.

기쁜 일에는 누구나 마음이 설레며 몸이 근질거리고, 즐거운 일에는 가슴이 두근거릴 것입니다. 하지만 감정 중에서도 사람을 움직이는 가장 강한 힘은 분노와 슬픔 같은, 부정적인 감정이 아닐까요?

미국의 사회신경학자인 존 카시오포(John T. Cacioppo)는 "인간은 긍정적인 경험보다 부정적인 경험을 더 세밀하게 기억하고, 긍정적인 자극보다 부정적인 자극에 더 강하게 반응한다"라는 **부정성 편향**(Negativity Bias)을 주장했습니다.

『귀멸의 칼날』의 등장인물 대부분은 과거에 부정성 편향 경험을 가지고 있고, 부정적인 감정을 동반한 사건으로 인해 검사의 길로 들어섭니다. 처음에는 슬픔이었던 감정이 증오나 복수로 바뀌고, 이윽고 정의감이 되어 자신을 단련시키게 됩니다.

과거의 기억과 감정에 사로잡혀 좌절할 뻔하면서도 사명을 완수하기 위해 계속 일어선 자만이 '주'에 다가갈 수 있는 것입니다.

우리는 부정적인 감정을 나쁘게 여기며 어떻게든 억누르려고 하지만, 그것은 오히려 역효과가 될 수도 있습니다. 부정적인 감정은 긍정적인 감정보다 에너지가 강해서, 억제할수록 고통에 시달리기 쉽기 때문이지요. 중요한 것은 **부정적인 감정의 정체를 알아차리고 그 감정을 자신의 성장을 위해 사용하는 것**입니다.

당신은 부정적인 감정을 마음 깊은 곳에 가둬둔 채 모른

척하고 있지는 않나요? 에너지의 원동력인 부정적인 감정을 외면하고 있다면 잠시 멈춰 서서 자신의 감정을 똑바로 바라보시기 바랍니다.

모든 것은 자신의 감정을 제대로 느끼는 데에서 시작됩니다. 그러니 어떤 감정이든 원동력이 될 만한 감정은 마음에서 곧바로 꺼낼 수 있는 곳에 넣어두시기 바랍니다.

만약 당신이 자신의 소중한 감정을 잊고 있다는 것을 탄지로가 안다면, 분명히 이렇게 말할 것입니다.

"이를 악물고 참아! 어떻게든 버텨! 혈귀 같은 건 되지 마! 정신 똑바로 차려! 힘내. 힘내라고!!"라고 말이죠.

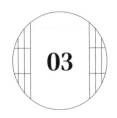

03

그 어떤 순간에도 너한테선
불만스러운 소리가 났다.
마음속의 행복을 담는 상자에
구멍이 뚫려 있어서
행복이 주르륵 새어나갔다.
빨리 알아차려서
그 구멍을 막지 않으면
행복은 영원히 채워지지 않는다.

아가츠마 젠이츠 / 제145화 「행복의 상자」

행복해지고 싶은 너에게 하는 말

과거에 함께 단련했으며, 사형이기도 했던 혈귀 상현 6 카이가쿠와 결판을 내게 된 젠이츠. 함께 열심히 단련하던 시절, 두 사람은 서로 미워하고 싫어했지만 젠이츠는 끊임없이 노력하는 카이가쿠를 존경하기도 했습니다. 하지만 카이가쿠는 자신을 특별대우하지 않는 것에 불만을 품고, 자신을 키워준 할아버지인 쿠와지마 지고로마저 증오하게 됩니다. 불만으로 똘똘 뭉쳐 있던 카이가쿠를 떠올리면서 젠이츠는 이제 되돌릴 수 없게 되었다고 슬퍼합니다. 이번 주제의 말은 젠이츠가 카이가쿠와 함께 수행하던 시절을 돌이켜보면서 자기도 모르게 중얼거린 마음의 목소리입니다.

당신의 마음속에 있는 행복 상자는 얼마나 채워져 있나요? 이미 충분히 차서 넘치거나, 이제 곧 넘칠 만큼 차 있을까요? 만약 아직 채워지지 않았다면 그 원인을 알고 있나요?

젠이츠의 사형이었던 카이가쿠처럼 높은 이상을 가진 사람들은, 이상을 손에 넣는 것만이 행복이라고 여기는 탓에 평소의 작은 행복은 느끼지 못합니다. 또한 모든 것을 자기중심으로 판단하기 때문에, 자기보다 미숙하다고 생각하는 사람을 비난하거나 업신여기는 일도 있습니다.

하지만 강한 사람·약한 사람, 현명한 사람·어리석은 사람, 능숙한 사람·어설픈 사람에 관계없이, 나와 다른 삶을 살아온 것만으로도 **누구에게나 배울 점이 있습니다**. 그리고 그런 사실을 아는 것은 곧 자신의 성장과 행복으로 이어집니다.

어린아이와 이야기하다가 스스로도 몰랐던 점을 알게 되어 깜짝 놀랐던 적이 누구나 있을 것입니다. 자신이 어린아이보다 몇 배나 오래 살아서 더 많은 것을 알고 있을 텐데, 어린아이에게 배우는 것이 이상하게 여겨지기도 하겠지요.

어른이 되고 나서 초등학교나 중학교에 가보면 어릴 때와는 180도 다르게 보이곤 합니다. 키가 큰 만큼 학교의 모든 시설이 작아 보이고, 학교의 모습이나 친구들과의 추억도 위에서 내려다볼 수 있게 되지요.

행복도 마찬가지입니다. 우리는 상처를 입어야 비로소 육체의 고마움을 알게 되고, 큰 병에 걸려야 비로소 건강의 소중함을 실감하며, 아이를 낳아야 비로소 부모님의 은혜를 알게 됩니다.

행복 상자에는 정해진 용량이 있습니다. 원하는 것이 너무 많으면 구멍이 뚫리고, 그곳으로 행복이 새어나가서 항상 부족해집니다. 반대로 원하는 것이 너무 적으면 오랜 시간에 걸쳐서 조금씩 행복을 채워나가야 합니다.

만약 지금 자신이 가진 행복이 부족하다고 생각한다면, 자신의 상자를 차분히 바라보시기 바랍니다. 상자 안에 있는 행복이 정말로 부족한지, 아니면 상자 바닥에 구멍이 뚫려 있어서 행복이 새어나가고 있는지 말이죠.

04

선택받은 자가 아니더라도
힘이 부족하더라도
사람에게는
무슨 일이 있어도
물러설 수 없는 때가 있습니다.

카마도 탄지로 / 제81화 「겹치는 기억」

자신의 마음을 제대로 보겠다고 결심한 너에게 하는 말

상현 6 다키, 규타로와 싸우는 와중에, 탄지로는 예전에 '주'였던 렌고쿠 신쥬로(렌고쿠 쿄쥬로의 아버지)로부터 감사와 사과의 편지가 도착했던 상황을 떠올립니다. 신쥬로는 자식인 쿄쥬로와 센쥬로를 훌륭한 아들이라고 인정한 뒤, 탄지로에게는 두 사람을 능가하는 엄청난 힘이 있다고 칭찬합니다. 그 이유는 탄지로의 이마에 '해의 호흡 사용자'로 선택받은 자에게 나타나는 '붉은 반점'이 있기 때문입니다.

그런데 탄지로의 붉은 반점은 화상과 상처 때문에 생긴 것입니다. 이번 주제의 말은 탄지로가 자신이 신쥬로의 기대에 부응할 수 없다고 생각하면서도 기대 이상의 힘을 내지 않으면 다키를 쓰러뜨릴 수 없다고 결심했을 때 한 말입니다.

사람은 무모한 싸움에 나서거나 위험을 감수하면서도 행동할 때가 있습니다. 당신은 무슨 일이 있어도 물러설 수 없었던 적이 있나요? 또는 부조리한 상황이나 오만방자한 태도를 못 본 척할 수 없어서, 더는 참지 못하고 몸이 반응한 적이 있나요?

공포나 위험을 느끼는 경우, 대부분은 그 자리에서 도망치려고 하거나 바들바들 떨면서 움직이지 못합니다. 이런 감

31

정은 상대가 자기보다 훨씬 강하거나 자연현상처럼 예측할 수 없는 어마어마한 위력을 가지고 있을 때 느끼게 됩니다.

그런데 그런 상황에 처해 있을지라도, 그 상황을 납득할 수 없다는 마음이 들거나 상대에게 대항할 용기나 기력이 솟구쳐서 물러설 수 없을 때가 있습니다.

그것은 누군가가 자신에게 기대할 때가 아닐까요? 자신에게 기대한다는 것은 그만큼 자신을 믿어준다는 뜻입니다. 여기서 패배하면 나중에 엄청난 일이 벌어진다, 내가 이 자리에서 물러나면 누군가가 나 대신 희생하게 된다, 지금 이 자리를 지킬 수 있는 사람은 오직 나뿐이니 어떻게 해서라도 막아야 한다. 이런 생각이 마음 깊은 곳에 잠들어 있는 본능을 깨워서 두 주먹을 불끈 쥐고 일어서게 만드는 것입니다.

다만, 숨 막히는 상황에 대항하려고 할 때 **감정에 휩싸여 무턱대고 돌진하면 상대를 이길 수 없습니다.**

탄지로는 '사람의 마음이 없는 혈귀의 횡포를 용서할 수 없다'라는 강한 분노를 가지고 혈귀에게 대항하지만, 혈귀의 공격을 피하지 못해 목숨을 잃게 될 위기에 처합니다. 그리고 그 순간, 혈귀 같은 강한 상대에게 대항하기 위해서는 감정에 휩싸여 무턱대고 돌진하기보다 피를 토할 만큼 매일 끊임없이 스스로를 단련해야 한다는 사실을 깨닫습니다.

일상 속에서 받아들일 수 없거나 물러설 수 없는 사건을 만났을 때는 그 순간에 느낀 가슴속의 감정을 잊지 마시기 바랍니다. 단, 감정적으로 달려드는 것이 아니라 끊임없이 노력한 다음에 도전하는 편이 좋습니다. 그러면 상현 혈귀와 같은 강한 상대도 반드시 쓰러뜨릴 수 있을 테니까요.

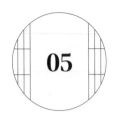

05

너무 분해.
뭔가 한 가지를 할 수 있게 되면
금세 또다시 눈앞에
두꺼운 장벽이 가로막고 있어.
대단한 사람들은
훨씬 더 앞에서 싸우고 있는데
난 아직 거기에 갈 수 없어.

카마도 탄지로 / 제66화 「여명에 스러지다」

약한 자신을 용서할 수 없는 너에게 하는 말

상현 3 아카자와의 싸움에서 목숨을 바쳐 탄지로와 후배들을 지키고 숨이 끊어진 렌고쿠 쿄쥬로. 그는 마지막 순간에 "모름지기 '주'라면 후배의 방패가 되는 건 당연하다. (…) 어린 싹은 꺾이게 두지 않는다"라는 후배를 사랑하는 말과, "그리고 이번엔 너희가 귀살대를 받쳐주는 '주'가 되는 거다. 난 믿는다. 너희를 믿는다"라는 후배를 격려하는 말을 남기고 세상을 떠납니다. 사명을 완수하고 목숨이 끊어진 쿄쥬로의 시신을 앞에 두고 자신의 역부족을 온몸으로 실감한 탄지로. 이번 주제의 말은 탄지로가 자신이 쿄쥬로처럼 누군가를 지킬 수 있을까 하는 불안감에 사로잡혔을 때 한 말입니다.

당신은 진심으로 동경하거나 존경하는 사람이 있나요? 만약 있다면 그렇게 생각하게 된 계기는 무엇인가요?

만화 주인공 또는 책이나 잡지, TV에서 본 사람, 선배나 친구 혹은 지인 중에서 그런 사람을 만나고, 그의 무언가에 끌려서 "나도 저 사람처럼 되고 싶다"라고 생각해본 적이 있을 것입니다.

작은 몸으로 거대한 적을 쓰러뜨리는 사람, 보통 사람은 할 수 없는 달인 같은 기술을 연달아 보여주는 사람, 보통은 상상도 할 수 없는 압도적인 능력을 가진 사람, 우연히 만난 사람도 단숨에 사로잡는 매력적인 사람. 당신은 그런 사람에게 조금이라도 가까이 가고 싶어서 노력하기 시작합니다.

처음에는 불안한 발길로 한 걸음씩 조심스럽게 그 세계에 발을 들여놓습니다. 그리고 겨우 조금 능숙해진 곳에 도착합니다. 그런데 그 순간, 누군가가 너무도 쉽게 당신을 앞질러 갑니다. 그 분야에 빠지면 빠질수록, 능숙해지면 능숙해질수록 그런 일이 반복됩니다.

하지만 당신이 존경하는 그 사람도 똑같은 길을 걸어왔을 것입니다. 처음부터 정점에 있었던 사람은 이 세상에 아무도 없습니다. 헤아릴 수 없을 만큼 많이 패배하고, 그때마다 뜨거운 눈물을 흘리면서 눈앞을 가로막은 두꺼운 벽을 하나씩 뛰어넘어 지금의 자리에 올라간 것입니다.

만약 지금 실력으로 존경하는 사람과 같은 곳에 서게 된다면, 당신은 그 사람과 제대로 맞붙을 수 있을까요? 그 사람이 싸우는 곳에서 활약할 수 있을까요?

'분수에 맞게 행동하라'는 말이 있습니다. 자신의 재능과 능력, 신분에 어울리게 행동하지 않으면 사람들이 기대하는 결과를 남길 수 없습니다.

당신이 꿈꾸는 장래의 모습과 지금 당신의 모습은 아직 차이가 있어, 어쩌면 좌절할지도 모릅니다. 하지만 여기서 포기하면 그걸로 끝입니다.

마음이 크게 분하다는 것은 그만큼 당신이 진심이라는 의미입니다. 그 마음을 앞으로 나아가는 에너지로 바꾸면 어떨까요? 분한 마음을 가슴속에 품고 조금씩 전진하는 것입니다. 앞으로 계속 전진하는 것이, 동경하는 사람에게 가까이 다가갈 수 있는 가장 짧은 거리니까요.

06

미안해.
난
싸우러 가지 않으면
안 돼.

카마도 탄지로 / 제58화 「잘 잤어?」

항상 남을 먼저 생각하는 너에게 하는 말

무한열차에서 혈귀인 하현 1 엔무에 의해 잠이 든 탄지로. 꿈에서 깨어나 엔무를 쓰러뜨리기 위해 일어섰을 때, 그의 눈앞에는 엔무의 힘에 의해 '행복한 꿈'을 꾸고 있는 승객들이 있었습니다. 그들은 탄지로와 쿄쥬로의 꿈에 들어가 정신의 핵을 파괴하려다, 탄지로가 눈을 뜨자 그에게 공격을 가합니다. 엔무를 쓰러뜨리러 가야 하는 탄지로는 어쩔 수 없이 승객들을 기절시키기로 결심합니다. 이번 주제의 말은 그때 탄지로가 그런 자신의 각오를 담아서 한 말입니다.

당신은 자신의 미래를 위해 일의 우선순위를 정하거나, 남의 감정에 휘둘리지 않고 행동할 수 있나요?

착하고 우유부단하며 배려심이 많고 정에 약한 사람 중에는 자신을 가장 우선으로 두지 못하는 사람이 많습니다. 사람과 사람이 어울리지 않으면 살아갈 수 없는 사회이니, 모든 것을 기계적으로 판단하거나 자신의 사정을 항상 우선으로 생각하기가 힘들겠지요.

자신을 얼마나 우선으로 생각하느냐는 자신이 생활하는 지역이나 활동하는 커뮤니티에 따라서 다릅니다. 외국에서는 자신을 우선으로 생각하지 않는 행동이 좋지 못한 평가를 받기 십상이지만, 일본에서는 자신을 지나치게 우선으로 생각하면 따돌림이나 차별을 받기도 합니다.

하지만 성장하기 위해서는 어떤 일이든 자신의 미래를 위해 우선순위를 정하고, 누군가의 의견이나 감정에 휘둘리지 말고 나아가야 합니다. 자신을 희생하는 일이 계속 반복되면 자신이 가지고 있던 수많은 가능성을 잃어버릴 수 있기 때문입니다.

남을 위해 인내하는 행위는 일본인이 가진 훌륭한 미학 중 하나입니다. 자기만 내세우며 제멋대로 행동하는 사람이 늘고 있는 요즘에는 누구나 쉽게 따라 할 수 있는 일은 아니지요. 하지만 자신의 미래를 뒤로 제쳐두면 성장이 늦어져, 정작 중요할 때 정말로 구해야 할 사람을 구할 수 없게 됩니다.

남의 시선을 신경 쓰지 않고 행동했을 때의 후회와 남의 시선을 신경 쓰느라 행동하지 않았을 때의 후회, 당신은 둘 중 어느 쪽을 선택하겠습니까?

어떤 일을 할 때는 지금 상황에서 느끼는 자신의 감정을 소중히 하고, 지금뿐만 아니라 미래를 바라보면서 최선의 선택지를 고르는 것이 좋습니다.

당신이 정말로 하고 싶은 일은 무엇인가요? 그것은 다른 사람이 시켜서 하는 것이 아니라, 당신이 진심으로 선택한 것인가요? 지금 당신의 마음이 어떤지 확실히 들여다보시기 바랍니다.

07

난 분명히 지옥을 보게 되겠지.

그래도 나는

지금 내가 할 수 있는 일을

죽을힘을 다해 하겠다.

마음을 불태워라.

지지 마라.

꺾이지 마라.

카마도 탄지로 / 제192화 「돌고 도는 인연」

곤경에 처한 너에게 하는 말

키부츠지 무잔의 공격으로 큰 부상을 입어 치료를 받아도 의식이 돌아오지 않는 탄지로. 무잔을 쓰러뜨리려면 해가 떠오를 때까지 적어도 일곱 개의 심장과 다섯 개의 뇌를 베어야 합니다. 그리고 카마도 가에 대대로 계승되어 온 춤인 '히노카미 카구라'의 제13형을 써야 하는데, 그것을 쓸 수 있는지조차 확신하기 어려운 상황입니다. 츠기쿠니 요리이치(귀살대의 핵심인 '시작의 호흡' 사용자)나 아버지가 가진 것과 같은 재능도 없고, 새벽까지 숨이 붙어 있을지조차 알 수 없는 가운데, 탄지로는 과연 자신이 해낼 수 있을지 불안에 휩싸입니다. 이번 주제의 말은 스스로를 잃어버릴 것 같은 와중에, 탄지로가 무잔을 쓰러뜨리기로 결심하면서 되뇐 마음의 목소리입니다.

탄지로는 자신에게 닥친 상황에서 지옥을 볼 것을 예상하면서도 혈귀를 향해 나아갑니다. 이것은 강렬한 사명감에 휩싸인 행동입니다.

'지금 내가 할 수 있는 일을 최선을 다해 하는 것'이 최종 목표로 이어진다는 확신이 있기에, 설사 지옥을 본다고 해도 싸워야 한다. 그렇게 결심한 것이겠지요.

당신은 주변에서 문제가 발생했을 때, 어떻게 행동하고 있나요? 어떻게든 도움이 될 것을 찾으면서 적극적으로 나서서 도와주나요? 아니면 위험한 일에는 손대지 않는 것이 좋다고 생각하며 거리를 두나요?

물론 도와주고 싶어도 오히려 방해가 되거나 걸리적거릴 수도 있다고 생각해서 조용히 지켜봤던 순간도 있겠지요.

이 세상에는 어떤 상황에서도 이익을 따지지 않고 남을 위해 행동하는 사람들이 있습니다.

또한, 위험하다는 것을 알면서도 남을 위해 일하는 사람도 많습니다. 예를 들어 조난자를 구조하는 사람, 화학 공장에서 위험한 일을 하는 사람, 대형 건축물의 높은 곳에서 일하는 사람 들이 그렇습니다.

그들은 어떻게 눈앞의 고난이나 어려운 문제에 과감하게 도전할 수 있을까요?

바로 '지금 할 수 있는 일'에 의식을 쏟고 죽을힘을 다해 도전해 공포심을 억제하고 있는 것입니다.

눈앞에 위험한 일이 벌어질 때 무섭지 않은 사람은 아무도 없습니다. 그들의 마음속에도 강한 공포가 깃듭니다. 하지만 그럼에도 지옥 같은 상황에 뛰어들 수 있는 사람은 지금 할 일에 모든 정신을 집중하고, "지지 마라, 꺾이지 마라" 하고 마음을 불태움으로써 솟구치는 공포를 억제합니다.

당신도 그들과 똑같은 마음으로 자신의 인생을 진지하게 바라보고 있을 것입니다.

"지금 내가 할 수 있는 일을, 죽을힘을 다해서 한다."

그 강한 마음을 잊지 마시기 바랍니다.

때로는 당신의 행동을 비난하거나 손가락질하는 사람이 있을지도 모릅니다. 하지만 당신이 옳다고 확신한다면 그 행동을 관철하시기 바랍니다. 그 태도가 당신의 미래를 개척하는 돌파구가 될 테니까요.

제2장

자신을
믿는다

08

넌 그걸로 충분해.
한 가지만 할 수 있으면 만만세야.
한 가지밖에 할 수 없다면
그걸 완벽하게 터득해라.
극한의 극한까지 갈고닦아라.

쿠와지마 지고로 / 제33화「괴로워하고 몸부림치며 앞으로」

재주가 없는 너에게 하는 말

젠이츠는 하현 5 루이와의 싸움에서 루이의 형인 거미에게 잡혀 독에 마비됩니다. 생명의 위험을 느낀 젠이츠는 절체절명의 위기에서 벗어나기 위해 정신을 집중합니다. 그때 떠올린 것이 할아버지인 쿠와지마 지고로에게 들은 중요한 가르침이었습니다. 젠이츠는 과거에 여섯 가지 번개의 형 중 하나밖에 할 수 없어 좌절한 적이 있습니다. 이번 주제의 말은 전 귀살대의 '주'이자 육성자인 지고로가 그때 젠이츠를 키우기 위해서 한 말입니다.

당신은 무엇이든지 실수 없이 해내는 재주가 많은 사람인가요? 아니면 하는 일마다 서툴고 어설픈, 재주 없는 사람인가요?

재주 있는 사람은 자기 일에 집중하는 것뿐만 아니라 남의 일을 도와주거나 여러 작업을 동시에 해내기도 합니다. 또 많은 일을 해내왔기에 경험도 풍부하고, 그를 신뢰하는 사람도 많습니다.

하지만 재주가 너무 많은 사람은 가난하다는 말이 있듯이, 여러 일을 해낼 수 있는 반면 하나하나의 능력이 깊지 않아서 특징 없는 존재가 되어버리기도 합니다.

보통 사람은 기억력이나 계산력, 신체 능력과 같은 자신의 능력을 사용해 터득할 수 있는 일이 한두 가지에 불과하지 않을까요?

일본에는 기계로는 흉내도 낼 수 없고 사람이 했다곤 믿을 수 없는 기술력을 가진 장인이나 거장, 인간문화재 같은 사람이 많습니다. 그들은 수십 년간 오직 한 가지 일에 매달려 자신의 기술력을 높이기 위해 지치지 않고 매일매일 실력을 갈고닦았기에 그 경지에 이를 수 있었습니다. 이런 사람들은 어떤 일에도 정통하고 뭐든지 해낼 수 있는 사람일까요? 의외로 그렇지 않습니다.

1년, 3년, 5년을 해도 눈에 보이지 않았던 것, 감각을 알 수 없었던 것을 10년, 20년 거듭하면 알 수 있게 됩니다. 그리고 그 일을 계속하면 도저히 사람이 믿을 수 없을 정도의 영역까지 터득하게 됩니다. 그리하여 그들은 장인이나 거장으로 불리고, 많은 사람의 존경을 받게 되는 것입니다.

당신에게도 오랜 세월에 걸쳐 한 가지 분야의 능력을 갈고닦은 경험이 있을 것입니다. 어릴 때 배운 운동이나 피아노, 중고생 때 열중했던 동아리 활동 등도 그런 경험 중 하나입니

다. 어쩌면 지금 하고 있는 일도 그럴지 모릅니다. 이미 그만
둔 일이라도 상관없습니다. 하고 싶으면 언제라도 다시 시작
하면 되니까요.

오랫동안 해온 일이 없어도, 하고 싶은 일이 있으면 망설
이지 말고 시작해보는 것은 어떨까요? 너무 늦었다고 여길 필
요는 없습니다. 무엇이든 시작하기에 늦은 것은 없으니까요.

당신이 어떤 일을 하고자 할 때 이십대, 삼십대라면 앞으
로 50년, 60년에 걸쳐서 터득할 수 있고, 육십대, 칠십대라도
10년, 20년간 계속할 수 있습니다.

"난 잘하는 일이 아무것도 없다."

그러니 이렇게 생각할 필요는 없습니다. 당신이 당연하
게 하고 있는 일, 간단히 해낼 수 있는 일은 이윽고 뛰어난 재
능이나 훌륭한 기술과 같이 가치 있는 일로 바뀔 테니까요. 비
록 무의식중에 했던 일일지라도 끊임없이 계속하는 지속력이
야말로 당신의 가장 큰 강점이 아닐까요?

09

걱정 마렴.
계기만 있으면
사람의 마음은
꽃처럼 활짝 핀단다.

코쵸우 카나에 / 번외편

결과가 나오지 않아 초조해하는 너에게 하는 말

가난으로 인해 부모가 자신을 팔았던 슬픈 과거를 가지고 있는 카나오. 그런 카나오를 코쵸우 카나에·시노부 자매가 구해줍니다. 하지만 저택에 데려왔는데도 카나오가 침묵하자, 시노부는 기다리다 지쳐서 카나에에게 불평을 합니다.

"언니, 이 애는 영 글러 먹었어. 말을 안 하면 아무것도 할 수 없잖아!"

하지만 카나에는 아랑곳하지 않고 동생을 타이릅니다.

"에이, 그렇게 말하지 마. 나는 시노부의 웃는 얼굴이 참 좋아."

이번 주제의 말은 카나에가 카나오의 마음을 헤아림과 동시에 투덜거리는 동생을 타이르며 한 말입니다.

아무리 밝고 기운 넘치는 사람이라도 갑자기 마음을 닫아버리는 일이 있습니다. 슬픔과 분노, 절망과 상실감. 계기가 무엇인지 모른 채, 본인조차 예상하지 못한 일로 마음을 닫는 것입니다. 반대로 원래부터 감정을 드러내지 않는 사람이나, 감정을 표현하고 싶지만 표현하지 못하는 사람도 있습니다.

그런 사람의 마음을 바꾸는 것은 쉽지 않습니다. 변화의 계기가 필요하기 때문이지요.

카나에처럼 마음 따뜻한 사람이 옆에서 지켜봐준다면 커다란 벽을 넘어보려는 용기가 솟구칠 수도 있지만, 그런 사람 없이 오롯이 혼자라면 좀처럼 도전하기 힘들지 않을까요?

그 상황이 오래 지속되면 회복을 위한 재활치료가 필요하고, 한 걸음 내딛기 위해 필요한 힘도 커집니다. 마음에 깊은 상처가 있는 사람은 상처를 극복하기 위한 기력과 용기가 많지 않기 때문에, 눈앞에 있는 벽은 더욱 크게만 느껴집니다.

이런 경우, 어떻게 하면 혼자서라도 벽을 뛰어넘을 수 있을까요?

가장 좋은 방법은 자신의 가능성을 믿는 것입니다. "나에겐 벽을 뛰어넘을 수 있는 힘이 있다"라고 스스로의 가능성을 인정하고, 시간을 충분히 들여 조금씩 앞으로 나아가면 됩니다. 성장 속도는 사람마다 각각 다르고, 그때의 몸과 마음의 상태에 따라서도 크게 다릅니다. 따라서 자신에게 필요한 훈련과 그에 드는 시간을 정확하게 파악하고, 해야 할 일을 하나씩 확실하게 추진하는 것이 좋습니다.

괜히 조바심을 내서 서둘렀다가 몸에 배지 않거나 질이

떨어져서는 아무런 의미가 없습니다. 자신의 능력이 미치지 못하는데 서두르기만 하면, 혈귀의 급소를 제대로 보지 못하고 오히려 커다란 타격을 받게 됩니다. 하지만 벽을 넘어가기 위해서는 시간이 필요하다는 사실을 깨달으면, 반드시 앞으로 나아갈 수 있습니다.

식물 중에는 해마다 꽃을 피우는 것도 있고 2년에 한 번 꽃을 피우기도 하며, 몇 년, 몇십 년 만에 꽃을 피우는 종도 있습니다. 그것이 그 식물에게 가장 좋은 속도입니다.

사람도 마찬가지입니다. 마음이 꽃봉오리인 상태에서 꽃이 필 때까지의 시간이나, 결과가 나올 때까지의 시간은 사람마다 제각기 다릅니다.

계기만 있으면 언젠가 꽃이 피어난다는 믿음을 가지고, 열심히 수련을 하면서 "괜찮아, 괜찮아" 하고 스스로에게 힘을 주는 것은 어떨까요?

10

왜 스스로 결정하지 않지?

카마도 탄지로 / 제53화 「너는」

망설이면서 결정하지 못하는 너에게 하는 말

코쵸우 시노부의 저택에서 진행한 기능회복훈련이 끝나고, 탄지로는 그동안 신세를 진 사람들에게 인사를 하러 돌아다닙니다. 시노부의 츠구코인 카나오에게 말을 걸지만 대답하지 않아서 곤혹스러워 하던 찰나, 카나오는 갑자기 동전을 높이 던져서 손등에 떨어뜨립니다. 그러고는 동전의 앞면이 나오자 탄지로에게 "잘 가"라고 말하더니, 마치 모든 감정이 사라진 것처럼 아무 말도 하지 않습니다. 탄지로가 그 이유를 물었더니, "난 지시받지 않은 일 말고는 스스로 결정하지 않고 동전을 던져서 결정해"라는 대답이 돌아옵니다. 이번 주제의 말은 그 말을 들은 탄지로가 카나오에게 한 말입니다.

당신은 무언가를 정하거나 선택할 때, 의사결정을 빨리 하는 편인가요?

당신 주변에도 "정보량이 너무 많아서 올바르게 판단할 수 없다" "내 의사가 없어서 언제나 정보에 휩쓸려 떠내려간다"라고 말하는 사람이 있을 것입니다.

누구나 자유롭게 정보를 내보낼 수 있는 요즘은 정보의 출처가 똑같아도 받아들인 결과는 정반대인 경우가 적지 않습니다. 그러면 무엇을 기준으로 판단해야 좋을지 망설이게 될 수밖에 없겠지요.

지금처럼 정보가 넘치는 시대에, 정보에 현혹되지 않으려면 어떻게 해야 할까요?

가장 중요한 일은 자신의 감각을 믿는 것입니다. 자신의 감각을 믿는 사람은 정보를 보고 나서 빨리 판단하기 때문에 남들보다 더 빠르게 행동할 수 있습니다. 그리고 **빨리 행동한 만큼 좋은 성과를 낼 수 있습니다.**

한편 자신을 믿지 못해 우왕좌왕하다가 좀처럼 선택하지 못하고 그 자리에 멈춰 서 있는 사람, 실패하고 싶지 않아서 조사를 많이 한 다음에 판단하려는 사람도 있습니다.

하지만 자세하게 조사해서 판단해도, 결과적으로 잘못 선택한 경우에는 심한 타격을 받는데다가 정답에 도달하기까지 오랜 시간을 허비하게 됩니다.

반대로 빨리 행동한다면 잘못 선택해서 실패하더라도 회복할 시간이 생겨납니다.

"실패를 많이 할수록 우리는 성공에 다가가고 있다"라는

말을 남긴 에디슨은 몇 번을 실패해도 자신을 끝까지 믿고 도
전하여 결국 성공을 거머쥐었습니다.

결과가 어떻든 누군가를 믿고 맡기는 것이 자신의 행복
이라면 그것으로 좋을지도 모릅니다. 하지만 만약 실패를 자
신이 초래한 결과라고 생각하지 않는다면, 남에게 선택을 맡
기거나 타인에게 인생을 맡기는 것은 그만두는 게 어떨까요?

"자신을 믿고 스스로 결정한다."

그렇게 사는 것이 인생을 혈귀 같은 존재에게 지배당하
지 않는 첫걸음입니다.

11

넌 너 자신이 아닌
누군가를 위해
무한한 힘을 낼 수 있는
선택받은 인간이다.

토키토 유이치로 / 제118화 「무이치로의 무(無)」

누군가를 위해 힘을 내다가 지친 너에게 하는 말

상현 5 콧코의 혈귀술인 수옥발에 갇혔지만, 위기일발 상황에서 공격을 가해 가까스로 빠져나온 귀살대 '주' 토키토 무이치로. 그가 위기에서 벗어날 수 있었던 것은 인형사 장인 코테츠가 죽음을 각오하고 함께 싸워준 덕분입니다. 큰 부상을 입은 코테츠로부터 "칼을… 지켜줘"라는 말을 듣고 무이치로는 형 유이치로와의 기억을 떠올립니다. "무이치로의… 무는… 무한(無限)의 무야"라는 형의 마지막 말. 무이치로의 가슴을 울컥하게 만든 것은 동생에게 본심을 고백하는 형의 말이었습니다.

당신은 스스로를 선택받은 특별한 사람이라고 생각한 적이 있나요? 이 세상에는 "내가 할 수 있는 일은 다른 사람도 할 수 있다" "나보다 더 굉장한 사람은 얼마든지 있다"라고 생각하는 겸손한 사람이 많습니다. 하지만, 자신의 가능성에 시선을 두지 않는 것은 너무나 안타까운 일이 아닐까요?

선택받은 사람이란 어떤 사람일까요? 몇몇 사람밖에 할 수 없는 압도적인 능력을 가지고 있다면 그는 분명히 선택받은 사람입니다. 하지만 입을 다물 수 없는 엄청난 능력이 없어도, 자신의 힘이 누군가에게 직접 도움이 되지 않아도, 자신만 할 수 있는 일이나 남들보다 조금이라도 잘하는 것이 있다면 선택받은 사람이라고 할 수 있지 않을까요?

지금 어떤 상황에 있더라도, 아무런 힘이 없더라도, 이 세상의 모든 사람은 선택받은 사람입니다. 누구라도 무한한 힘을 낼 수 있는 존재가 될 수 있기 때문입니다.

또한 당신의 사소한 말과 행동에 위로를 받거나 용기를 내는 사람도 많습니다. 사람들은 큰 병과 싸우거나 좋아하는 사람과 헤어지거나 일에서 좌절하는 등 힘든 경험을 겪고, 그것을 극복해서 지금에 이르렀습니다. 그런 일들은 그 사람과 똑같이 힘들고 슬픈 경험을 한 사람에게 살아갈 희망을 안겨주고, 다시 일어설 힘을 줍니다. 그리고 타인에게 말을 전하지 않았을 뿐, 대다수가 이러한 경험을 했을 것입니다.

누구나 찬사를 보내는 빛나는 경험은 많은 사람에게 좋은 자극을 줄 수 있지만, 너무 대단한 나머지 그 경험을 자신의 일로 바꾸지 못하는 사람도 생겨나곤 합니다. 그렇게 생각하면 온갖 고생을 하면서 계단을 하나씩 오른 경험이나 누군가를 위해 열심히 노력한 것이야말로 선택받은 사람밖에 할 수 없는 일이라고 할 수 있지 않을까요? 부디 자기 자신을 향해 눈을 돌려서, 자신이 얼마나 빛나는 존재인지 확인해보시기 바랍니다. 모든 사람은 이 세상에 태어난 순간부터 특별히 선택받은 원석이니까요.

12

가장 약한 사람이
가장 큰 가능성을 가지고 있어.

카마도 탄지로 / 제172화 「약자의 가능성」

장점이 없다고 고민하는 너에게 하는 말

상현 1 코쿠시보와의 싸움에서 몸통이 잘릴 만큼 큰 부상을
입은 귀살대원 시나즈가와 겐야. 어떻게든 최후의 순간까지
싸우고 싶다, 동료를 구하고 싶다고 생각할수록 몸이 굳어져
서 제대로 움직일 수 없습니다. 동료의 강한 모습을 보며 약한
자신을 답답해하던 순간, 탄지로와 함께 지냈을 때 들었던 말
이 머릿속을 가로지릅니다. 이번 주제의 말은 강자의 빈틈을
알고, 약자의 가능성을 발견한 탄지로의 말입니다.

모든 승부나 경쟁에는 강자와 약자가 있습니다. 강자가
되면 많은 사람의 주목을 받고, 다른 사람들의 눈에 멋지고 화
려하게 보입니다. 하지만 동시에 어떻게든 그 자리를 지켜야
합니다. 연달아 나타나는 강적과 싸워야 하고, 주변의 압력도
있어서 실제로는 매우 힘든 상황에 처하게 됩니다.

한편 약자는 부정적으로 보기 쉽지만, 그렇다고 나쁜 점
만 있는 것은 아닙니다. 약자에게는 앞으로 크게 성장할 가능
성이 있기 때문이지요.

약자 주변에는 강적이나 도전자가 많지 않기 때문에 위
를 목표로 하면 곧장 추월할 수 있는 사람도 몇 명 있고, 기록
을 경신할 기회도 몇 번이나 있습니다. 약하다는 것은 강해질

수 있는 잠재력이 있다는 증거이기도 하니까요.

"적이 우리를 경계할 수 있는 절대적인 숫자는 정해져 있어. 그러니 관건은 저들이 그걸 어떻게 배분하느냐는 거야."

탄지로의 말처럼, 강자일수록 눈앞의 강한 상대만 경계하고 약자를 신경 쓰지 못할 가능성이 있습니다. 그래서 약자가 예상치 못한 행동을 하면 이길 수 있는 기회가 생겨나기도 하는 것입니다.

겐야는 탄지로의 말을 떠올린 뒤, 적인 코쿠시보의 일부를 흡수해 그 힘을 손에 넣습니다. 그리고 틈을 노려 자신의 무기인 총으로 코쿠시보에게 커다란 일격을 날립니다.

힘이 강한 사람이나 자신을 괴롭히는 강인한 상대를 만나면, 자신은 나약해서 아무것도 할 수 없다고 생각할 수도 있습니다. 하지만 **아무리 강한 상대라도 약점은 반드시 있습니다**. 그리고 그 약점을 찾아낸다면 단숨에 형세를 바꿀 수 있습니다.

그러니 그 어떤 때라도 끝까지 자신의 가능성을 믿고 포기하지 마시기 바랍니다. 눈앞에 있는 강적은 당신을 강하게

만들어주는 최고의 상대이고, 약함이 강함이 될 때 승리로 가
는 활로는 열리게 되니까요.

13

왜 항상 사과해?
누구나… 뭐든지
다 뜻대로 되는 건 아니야.
행복한지 불행한지는
스스로 정하는 거야.
중요한 건 바로 '지금'이야.

카마도 네즈코 / 제92화 「버러지, 얼간이, 느려터진 머저리」

툭하면 사과하는 너에게 하는 말

상현 6 다키, 규타로와의 사투에서 동료인 우즈이 텐겐과 이노스케, 젠이츠, 여동생 네즈코까지 빈사 상태에 빠지자 탄지로는 절망합니다. 패인을 자기 탓으로 돌리는 탄지로가 정신을 잃은 사이에 네즈코가 그의 꿈에 나타나, 혼자 모든 책임을 짊어지고 자신의 힘만으로 모두를 구하려는 생각을 바꾸라고 말합니다. 네즈코의 말에는 가족만이 건넬 수 있는 따뜻한 마음이 담겨 있습니다. 이번 주제의 말은 동생이 오빠에게 힘을 주기 위해 한 사랑의 말입니다.

당신은 툭하면 사과하는 버릇이 있지는 않나요? 일본 사람은 무슨 일이 있을 때마다 저도 모르게 사과하곤 하지만, 애초에 사과한다는 건 어떤 행위일까요?

사과한다는 뜻의 '사(謝)'라는 한자에는 '놓아주다' '인사하다'는 뜻이 있지만, '버리다'라는 뜻도 담겨 있습니다.

사과하는 것은 본래 상대와의 관계를 계속 유지하기 위한 행위입니다. 하지만 사과가 습관이 되었다면 미안하다는 말을 '무언가를 버리기' 위해 사용하고 있는 것은 아닐까요? 항상 사과하는 사람은 사과의 의미나 가치 자체를 버리고 있는 것인지도 모릅니다.

또한 사과하는 것은 알아차리는 것이기도 합니다. 무엇이 잘못인지 알아차리지 못하면 사과할 수 없으니까요. 자신이 먼저 부딪히고도 사과하지 않는 사람이 있는데, 이는 충돌을 알아차리지 못했거나, 그것이 사과할 만한 행동이란 걸 모르기 때문입니다.

따라서 사과하는 것이 습관이 된 사람은 사과하기 전에 자신이 정말로 무엇을 알아차렸는지, 사과함으로써 소중한 무언가를 버리고 있지는 않은지 생각해보아야 합니다.

당신이 높은 목표를 가지고 있었지만 그를 달성하지 못해 누군가와 한 약속을 지킬 수 없었다고 가정합시다. 그런 경우에도 사과를 해야 할까요?

목표를 달성하지 못했다 해도 그때까지 한 노력은 결코 무(無)가 되지 않습니다. 그리고 자신을 믿고 계속 도전하는 한, 목표를 달성할 기회는 얼마든지 있습니다. 그런데 그 전에 사과해버리면, 지금까지 해온 자신의 노력까지 부정하게 되는 것입니다.

그러니 무언가를 달성하지 못했을 때나 실패했을 때는

한탄하지 말고, 이번에 도전할 수 있었던 것 자체를 감사하게 여겨야 합니다. 어떤 때라도 '지금'을 소중히 생각하며 앞을 향해 나아가는 것이 중요합니다. 도전할 수 있는 '지금이 있다'는 것은 너무나 행복한 일이니까요.

사람은 작은 일에서 행복과 불행을 느끼는 동물입니다. 이는 곧 모든 건 생각하기 나름이란 뜻입니다. 그러니 힘을 내서 같이 앞으로 나아가자고 말해주는 동료가 있다면 지금 이 순간을 돌파하기 위해 열심히 싸우는 것이 좋지 않을까요?

14

네 힘을 자랑스럽게 여겨라.
널 욕하는 이들은
다들 네 재능을 두려워하고
부러워하는 것뿐이니까.

우부야시키 카가야 / 제124화 「작작 좀 해, 이 얼간아」

험담을 듣고 상처받은 너에게 하는 말

귀살대의 '주'인 칸로지 미츠리는 열일곱 살에 "너하고 결혼할 수 있는 건 곰이나 멧돼지나 소뿐일 거야"라는 말을 듣고 맞선이 깨지고 나서, 자신의 특수한 육체를 숨기려고 합니다. 하지만 진정한 자신을 평생 숨기고 살아야 하는 것에 의문을 느끼고 "내가 나인 채로 할 수 있는 일, 남에게 도움이 되는 일이 있지 않을까?" "이런 건 이상해. 너무 이상해"라고 생각하기 시작합니다. 이번 주제의 말은 귀살대 당주인 우부야시키 카가야가 귀살대 대원으로서 미츠리가 자기 모습 그대로 활약할 수 있도록 북돋아주면서 한 말입니다.

당신은 누군가에게 질투를 당하거나 원망하는 말을 들은 적이 있나요? 또는 당신이 누군가를 질투하거나 원망한 적이 있나요?

만약 누군가로부터 험담을 들은 적이 있다면, 그것은 우부야시키의 말처럼 상대가 당신의 재능을 두려워하고 부러워하기 때문입니다. 대부분의 사람은 갓난아기가 어떤 행동을 해도 무조건적으로 사랑해주고 용서해줍니다. 하지만 그런 아기를 부러워하거나 질투하거나 원망하는 사람은 없습니다. 그 이유는 단 하나, 누구도 갓난아기처럼 되고 싶어 하지 않기 때문이지요.

부러움이라는 감정은 나도 그렇게 되고 싶다는 강렬한 바람의 반증입니다. 그러니 누가 뒤에서 험담을 하면 스스로를 자랑스럽게 여겨도 됩니다. 당신은 지금까지 누군가에게 인정받고 싶다, 많은 사람의 자랑거리가 되고 싶다는 마음으로 열심히 노력해왔을 것입니다. 따라서 부정적인 말에 조심스럽게 행동할 필요는 없습니다. 오히려 더욱 재능을 갈고닦아 다른 사람이 따라올 수 없을 경지에 오르면 됩니다.

남의 떡이 커 보인다는 말이 있듯이, 사람들의 눈에는 겉으로 드러난 부분만 보이는 법입니다. 주변 사람은 당신이 지금까지 해온 노력이나 그를 유지하기 위해 겪은 고생은 보지 못합니다. 그 노력과 고생을 아는 사람은 당신을 부러워하지 않고, 오히려 존경과 동경의 마음을 가질 것입니다.

질투라는 부정적인 감정은 당신이 어느 선을 뛰어넘어 대항할 수 없는 존재가 되었을 때, 존경과 동경이라는 긍정적인 감정으로 바뀝니다. 그때라면 당신은 타인에게 무슨 말을 들어도 동요하지 않는 높은 곳에 도달해 있겠지요.

만약 끊임없이 노력해도 스스로를 자랑스러워할 수 없다면, 친한 사람에게 당신의 장점을 말해달라고 부탁해보세요. 그러면 몇 사람의 입에서 같은 장점이 나올 것입니다. 그 장점을 다시 확인하면서, 스스로도 자랑할 수 있는 장점으로 더욱 성장시켜 나가시기 바랍니다.

모든 사람이 부러워할 정도의 재능을 익혀서, 긍지 높은 인생을 사는 건 어떨까요?

15

이 세상은
온갖 것들이 다 아름다워.
이런 세상에 태어난 것만으로도
행복하다고 생각해.

츠기쿠니 요리이치 / 제186화 「옛 기억」

운이 없다고 생각하는 너에게 하는 말

키부츠지 무잔과의 싸움에서 중상을 입어 빈사 상태가 된 탄지로는 자신에게 유전된 선조의 기억을 봅니다. 그곳에는 '시작의 호흡' 검사인 츠기쿠니 요리이치가 있었습니다.

어느 날, 탄지로의 집에 찾아온 요리이치가 의미심장하게 말합니다.

"그나마 너희가 행복해 보여서 기쁘구나. 행복한 사람을 보면 덩달아 행복한 기분이 드니까."

그 말에 무언가를 알아차린 탄지로가 요리이치를 보자, 요리이치는 하늘을 올려다보면서 그 말의 진의를 설명하기 시작합니다. 이번 주제의 말은 그때 요리이치가 탄지로에게 건넨 말입니다.

요리이치는 "이 세상은 온갖 것들이 다 아름다워"라고 말했습니다. 당신은 지금 이 시대에 태어난 것을 어떻게 생각하나요?

특별한 이유로 도태되지 않는 한, 자연 생태계에서는 모든 것이 의미를 가지고 존재합니다. 예를 들어 해충은 인간의 생활에는 해를 끼치지만, 없어지면 생태계가 무너질 만큼 중요한 존재입니다. 자연에서는 그 어떤 생물도 모두 아름답고 필요하기에 존재하고 있습니다.

　하지만 인간은 그렇지 않습니다. 제각기 느끼는 게 달라 어느 사람은 삶이 아름답다, 행복하다고 여길지라도 어떤 사람은 180도 다르게 받아들이는 일도 드물지 않습니다. 겉으로 보기에 아름답게 보이지 않는 일도 있고, 어린 시절의 경험이나 교육, 트라우마로 인해 행복하다고 여겨지지 않는 일도 있습니다.

　그런데 잠시 시점을 바꿔보면 어떨까요? 요리이치의 말처럼 "온갖 것들이 다 아름다워. 이런 세상에 태어난 것만으로도 행복하다고 생각해"라는 시점으로 일상을 보는 것입니다. 그러면 더 세밀한 부분까지 볼 수 있어, 일상이나 세계가 아름답고 행복하게 여겨지지 않을까요? 커다란 시점으로는 느낄 수 없었던 것도, 작고 세밀한 시선으로 보면 쉽게 느낄 수 있으니까요.

　혈귀에게 아내와 자식을 잃은 요리이치는 가족과 함께 조용히 살아가고 싶다는 작은 행복조차 이루지 못했습니다. 그래서 오히려 그로 인해 작고 소박한 행복을 느낄 수 있는 사람이 된 것이겠지요.

　행복은 기를 쓰고 원한다고 해서 채워지는 것이 아닙니다. 그 끝이 없기 때문이지요. 그리고 **행복이란 행복하지 않은 상태가 되어야 비로소 느낄 수 있는 것이 아닐까요?** 원하는 건 뭐든지 가질 수 있는 사람이 있다면, 그 사람은 작은 행복을 알아차리기 힘들 것입니다.

　작고 소박한 행복을 고맙게 여기는 사람이 되시기 바랍니다. 행복은 계속 충족되는 것이 아니라는 사실을 아는 사람은, 작고 소박한 행복을 쉽게 발견할 수 있습니다.

16

가슴을 활짝 펴고 살아라.

렌고쿠 쿄쥬로 / 제66화 「여명에 스러지다」

한 걸음 더 내딛을 힘이 필요한 너에게 하는 말

상현 3 아카자와의 싸움에서 치명상을 입은 쿄쥬로. 그는 체력의 한계와 다가오는 죽음을 알아차리고, 도망치는 아카자를 큰 소리로 비난하는 탄지로에게 다정하게 말합니다.

"너무 그렇게 소리 지르지 마라. 복부의 상처가 벌어진다. 너도 경상은 아니야. 네가 죽어버리면 내가 진 게 되잖아."

그리고 "마지막으로 얘기 좀 나누자"라며 탄지로를 곁으로 부릅니다. 쿄쥬로는 탄지로에게 자신의 생가인 렌고쿠 가에 가보라고 합니다. 이번 주제의 말은 쿄쥬로가 "난 네 동생, 네즈코를 믿는다. 귀살대의 일원으로서 인정한다. (…) 목숨을 걸고 혈귀와 싸우며 사람을 지키는 자는 누가 뭐라 해도 귀살대의 일원이다"라고 말한 뒤, 탄지로에게 귀살대의 미래를 맡기며 한 말입니다.

당신은 지금 가슴을 활짝 펴고 살고 있나요? 고민과 불안, 열등감 없이 항상 스스로에게 자신 있고 당당할 수 있는 사람은 별로 많지 않습니다.

가슴을 활짝 펴고 사는 일은 재능, 능력과는 비례하지 않습니다. 재능과 능력이 있는 사람이 가슴을 활짝 펴고 사는가 하면, 반드시 그렇지는 않으니까요. 재능과 능력이 있는 탓에 고민하는 일도 있습니다. 실패하면 안 된다는 압박감에 짓눌려서 숨이 막힐 것 같거나, 자신을 따르는 사람이 적어서 고독에 사로잡히는 일도 있습니다. 옆에서는 이해하기 힘들지도 모르지만, 이런 이유로 인해 가슴을 활짝 펴고 살지 못하는 사람도 적지 않습니다.

그렇다면 가슴을 활짝 펴고 살기 위해서 필요한 것은 무엇일까요? 바로 '자기 긍정감'입니다. 자기 긍정감이란 자신의 본래 모습을 높이 평가할 수 있는 감정, 자신의 가치나 존재 의의를 순순히 받아들일 수 있는 감정을 말합니다. 즉, 자신의 행동과 사고방식, 존재 방식과 존재 의의를 순순히 받아들이며 사는 것이야말로 가슴을 활짝 펴고 사는 길입니다.

자기 긍정감을 높이려면 어떻게 해야 할까요? 있는 그대로의 자신을 인정해야 합니다. 가족이나 선생, 친구, 연인 등 자신에게 소중한 사람에게 칭찬을 받고 존재를 인정받는 것은 자기 긍정감이 높아지는 가장 좋은 방법입니다.

하지만 누군가에게 칭찬을 받는다고 해서 반드시 자기 긍정감이 높아지는 것은 아닙니다. 때로는 오히려 압박을 느끼고 자기 긍정감이 내려갈 수도 있습니다. 따라서 자신을 인정하고, 실제적인 가치를 부여하는 것이 좋습니다.

　쿄쥬로는 아카자와 싸운 뒤, 탄지로 일행에게 "더 크게 성장해라" "너희를 믿는다"라고 말하고 당당하게 최후를 맞이합니다. 가슴을 활짝 펴고 살아온 쿄쥬로의 모습을 보고 후배인 탄지로와 젠이츠, 이노스케는 다시 수행의 길로 들어서게 됩니다.

　가슴을 활짝 펴고 당당하게 살아가세요. 그러면 언젠가 그 모습에 감동한 사람이 당신의 편이 되어줄 것입니다.

17

자신을 형성하는 유소년기에 심어진
가치관을 부정하면서
끊임없이 전쟁터에
몸을 두는 건 고통스러운 일이니까.
수많은 모순과 갈등을 품고도
너는, 너희는 그럼에도
앞을 바라보며 싸워주고 있구나.

우부야시키 카가야 / 제87화 「집결」

괴로운 과거와 치열하게 싸우고 있는 너에게 하는 말

상현 6 다키, 규타로와 사투를 펼치고 있는 귀살대 '주' 우즈이 텐겐. 규타로의 맹독이 텐겐에게 듣지 않자, 규타로는 텐겐이 태어났을 때부터 특별한 녀석이며 선택받은 재능을 가지고 있다고 질투합니다. 텐겐은 닌자 집안에서 태어나 독에 내성이 있습니다. 그리고 아버지의 혹독한 훈련에 의해 스물다섯 살이 될 때까지 일곱 형제를 잃었고, 유일하게 살아남은 동생도 아버지처럼 무자비한 사람이 되었다는 슬픈 과거를 가지고 있습니다. 이번 주제의 말은 아버지나 동생과 똑같이 되고 싶어 하지 않는 텐겐의 슬픔을 모두 감싸는, 우부야시키의 말입니다.

지금의 당신을 형성한 것은 무엇인가요? 몇 살쯤에 누구에게서 들은 어떤 이야기와 어떤 사건이 지금의 당신을 만드는 데 영향을 끼쳤나요?

어린 시절에는 할 수 있는 일이 많지 않은 탓에, 한시라도 빨리 많은 것을 해보기 위해 겁내지 않고 도전해서 재빨리 자기 것으로 만들어 나갑니다. 그런데 학교를 졸업하고 사회인이 되면 그동안 쌓은 인생 경험으로 여러 가지를 할 수 있게 되지만, 새로운 것을 흡수하고 습득하는 속도는 떨어집니다. 또한 도전하는 열정도 없어지고, 어떤 일을 할 때도 주눅이 드는 경우가 많아집니다. 그런 상황에 가장 큰 영향을 끼치는 것은 바로 '가치관'입니다.

우부야시키의 말처럼 자신의 가치관과 다른 가치관에 따라 행동하는 것은 매우 고통스러운 일입니다. 의지를 억누르고, 계속 밀려오는 모순과 갈등을 뿌리치면서 눈앞의 적과 끊임없이 싸워야 하기 때문이지요. 특히 많은 것을 흡수하는 유소년기에 심어진 생각은 가치관의 기초를 이루기 때문에 어른이 되고 나서 바꾸기는 상당히 힘들고, 때로는 여기저기에서 족쇄로 작용할 수도 있습니다.

한편, 어른이 되어도 자신에게 가치가 있다고 느끼는 것이 있다면 그것을 손에 넣기 위해 움직일 것입니다. 수백 킬로미터 떨어진 장소나, 때로는 간 적이 없는 외국에도 혼자 가겠지요. 그만큼 사람의 마음에는 강한 힘이 잠들어 있습니다.

당신도 매일 살아가는 와중에, 괴로운 일이나 도망치고 싶은 일이 많을지도 모릅니다. 물론 싸움을 포기하면 그 고통에서 해방될 수 있습니다. 하지만 당신은 도망치지 않는 길을 선택했습니다. 마지못해 어쩔 수 없이 선택했을지도 모르겠지만, 지키고 싶은 무언가가 있거나 지키고 싶은 사람이 있기 때문은 아닐까요?

탄지로 일행이 귀살대에 들어간 이유는 모두 다릅니다. 하지만 최후의 목적은 각자 지키고 싶은 것, 소중한 것이 있기 때문이지요. 텐겐은 우부야시키를 만남으로써 자신의 신념을 지키고 괴로운 과거를 극복할 수 있었습니다.

만약 지금 잘못된 가치관 때문에 괴로워하고 있다면, 스스로를 믿고 가치관을 재정비해보는 것은 어떨까요?

잘해주지 못해서 미안해.
나에겐 늘 여유가 없었거든.
남에게 잘해줄 수 있는 것도
역시 선택받은 사람뿐인가 봐.

토키토 유이치로 / 제119화 「부활하다」

엄격한 환경에서 자란 너에게 하는 말

귀살대 '주' 토키토 무이치로의 형인 유이치로는 "인정은 남을 위해 베푸는 게 아니야. 누군가를 위해 무언가를 해봤자 별로 좋은 일도 없어" "남을 위해 무언가를 하다가 죽은 인간이 한 말 따위는 믿을 게 못 돼"라는 신념을 가지고 매우 엄격하게 말하는 사람이었습니다. 하지만 그 말의 이면에 있는 것은 "아무리 착하게 살아봤자 결국 신령님도, 부처님도 지켜주시지 않으니까 내가 널 지켜야 한다고 생각했어"라는 형으로서의 책임감이었지요. 이번 주제의 말은 죽음을 코앞에 두고 동생에게 진심을 털어놓은 유이치로의 말입니다.

당신에게 좋은 사람이란 어떤 사람인가요? 나이와 얼굴, 목소리, 태도, 성장과정, 꿈의 유무를 비롯해 여러 요소가 있겠지만, 당신과 비교해서 생각해보십시오.

우리는 상대가 좋은 사람인지 아닌지를 보통 부드러운 행동과 다정한 태도 등으로 판단합니다. 하지만 정말로 좋은 사람은 남을 배려하는 사람, 진심으로 상대를 위해서 행동하는 사람이 아닐까요?

어떤 일이든지 대신해주는 사람이 꼭 좋은 사람인 것은

아닙니다. 때로는 그런 행동이 상대의 성장을 방해할 수도 있기 때문이지요. 어리광을 받아주는 것도 마찬가지입니다. 그러니 상대의 말이나 태도가 누구를 위한 것인지 확실하게 확인해야 합니다. 그러면 좋은 사람이 실은 나쁜 사람이고, 나쁜 사람이 실은 좋은 사람이라는 진실을 알아차릴 수 있게 되기도 합니다.

어쩌면 지금 당신에게 심하게 말하거나 엄격하게 대하는 사람이 있을지도 모릅니다. 그런 사람이 있다면 그 사람은 누구를 위해 그렇게 하는지 자세히 관찰해보시기 바랍니다. **시간과 거리를 두고 냉정하게 상대를 바라보는 겁니다.**

그런 사람을 잘 살펴보면, 배려심이 있어도 마음의 여유가 없어서 그런 태도를 보일 수도 있고, 머리로는 알고 있지만 행동으로 옮기지 못하는 경우도 있습니다.

토키토 무이치로는 코테츠에게 칼을 맞은 것을 계기로, 엄격했던 형의 다정한 일면을 떠올립니다. 그리고 형이 자신을 정성껏 키워준 사실과 자신에게 잠재되어 있는 가능성을 알아차리고, "자기 자신이 누구인지 알면 망설임도 당황함도 초조함도 사라진다"라는 생각으로 적을 쓰러뜨릴 수 있었습니다.

　당신도 누군가가 따뜻한 마음으로 키웠다는 사실을 알아차리면, 진정한 자신을 알게 될 수 있지 않을까요?

제3장

포기하지
않는다

19

자신의 나약함이나 무능함이
숨을 쉴 수 없을 만큼 온몸을 짓눌러도
마음을 불태워라.
이를 악물고 앞으로 나아가라.

렌고쿠 쿄쥬로 / 제66화 「여명에 스러지다」

커다란 좌절을 경험한 너에게 하는 말

상현 3 아카자와의 싸움에서 치명상을 입고, 자신의 목숨이 다했음을 알아차린 쿄쥬로. 그는 탄지로, 이노스케, 젠이츠에게 가족에 대한 사랑과 '주'로서의 책임감, 세 사람에 대한 기대를 담아 말하기 시작합니다. 이번 주제의 말은 쿄쥬로가 "내가 여기서 죽는 것은 신경 쓰지 마라. 모름지기 '주'라면 후배의 방패가 되는 건 당연하다. (…) 어린 싹은 꺾이게 두지 않는다"라고 마지막까지 후배들을 배려하면서, 자신의 죽음을 발판 삼아 귀멸을 위해 앞으로 나아가라는 격려의 말입니다.

인생을 살다 보면 누구나 커다란 실패나 좌절을 경험하게 됩니다. 몇 번이나 좌절해본 사람도 있고, 지금 커다란 실패나 좌절을 겪어 그곳에서 기어오르려고 하는 사람도 있습니다. 자신의 나약함과 무능함에 분노나 조바심을 느끼는 사람도 있고, 자신에게 책임이 없다고 해도 패배에 대한 책임감으로 스스로를 책망하는 사람도 있습니다. 또한 갈 곳 없는 감정이 자신에게 돌아와서 괴로움에 몸부림치는 사람도 있습니다. 왜, 왜, 왜… 하고.

그렇게 괴로운 상황을 극복하기 위해서는 무엇이 필요할까요? 바로 마음을 불태워 스스로 분발하고, 이를 악물고 힘을 만들어내는 것과, 가까스로 일어섰다면 쓰러지지 않도록 발에 힘을 주고 버티면서 한 걸음 한 걸음 앞으로 나아가는 것입니다.

괴로운 시간이 계속되면 자신이 사소한 존재로 여겨져 고독에 시달리는 일도 있습니다. 이 세상에 마치 자기 혼자 남겨진 것만 같은 기분이 들기도 합니다. 하지만 그것은 누구든 마찬가지 아닐까요? 옆에서 보면 아무렇지도 않아 보이는 사람이나 행복해 보이는 사람도 모두 크든 작든 괴로움을 가지고 있습니다.

지금은 혼자일 수도 있지만, 영원히 혼자 있는 것은 아닙니다. 당신이 걸음을 내딛는 곳에는 당신과 같은 생각을 가진 사람이나 당신을 필요로 하는 사람이 있을 테니까요.

그러니 괴로운 때일수록 앞을 향해서 걸음을 내딛어야 합니다. 당신의 괴로움을 나누며 함께 나아가는 사람이 나타날 때까지, 아무리 쓰러지고 아무리 힘들어도 다시 일어서서 앞을 향해, 나아가야 할 곳을 향해 걸음을 멈추지 마십시오. 쿄쥬로가 탄지로 일행을 만나 이 말을 전한 것은 우연이 아닙니다. 탄지로 일행이 걸음을 멈추지 않고 계속 앞을 향해 나아갔기 때문에 들을 수 있었던 말이지요.

　당신이 움직이기 시작하면 많은 사람을 만날 수 있습니다. 그리고 그 만남이야말로 좌절을 극복하는 강한 힘이 될 것입니다.

20

생사여탈권을
남의 손에 쥐여주지 마!!

토미오카 기유 / 제1화 「잔혹」

중요한 결정을 남에게 맡기는 너에게 하는 말

키부츠지 무잔이 가족을 무참하게 살해한 뒤, 탄지로는 그 현장에서 유일하게 살아남은 여동생 네즈코를 업고 자신들을 도와줄 사람을 찾아서 걷기 시작합니다. 그런데 눈을 뜬 네즈코는 혈귀가 되어 으르렁거리면서 탄지로를 공격합니다. 그때 귀살대 '주'인 토미오카 기유가 나타나 네즈코를 칼로 내리쳐 죽이려고 합니다. 이번 주제의 말은 "제발 누이동생을 죽이지 말아주세요"라고 애원하는 탄지로에게 기유가 한 말입니다.

혹시 누군가를 보면서 "어떻게 절체절명의 위기 상황에서 저토록 당당하게 행동할 수 있을까?"라고 생각한 적이 있나요? 누구나 역부족을 느끼고 도망치는 와중에도 끝까지 힘을 내어 버티는 사람, 앞날이 불투명한 상황에서도 눈빛이 생생하게 빛나는 사람. 당신의 주변에도 그런 사람이 있을 것입니다.

절체절명의 위기 상황에서도 기운을 잃지 않는 사람들의 공통점은 자신의 인생에 책임감을 가지고 있다는 것입니다. 책임감이 있는 사람은 현실을 받아들이고 행동하는 힘을 가지고 있습니다. 책임을 진다는 것은 단지 눈앞에 있는 일을 끝까지 해내는 데에서 끝나는 것이 아닙니다. 그런 사람은 항상 결과를 바라보면서, 그 결과에 이르게 된 원인을 되돌아보거나 다음 기회에 살리기 위해 반성합니다. 그러기 위해서는 현실을 냉정하게 받아들이는 자세가 필요합니다.

또한 책임감이 있는 사람은 **압박감을 조절하는 힘도** 가지고 있습니다. 필요 이상으로 책임을 느끼면, 자신을 궁지로 몰아넣거나 남의 위험까지 짊어지는 탓에 부정적인 결과를 초래할 수도 있습니다. 따라서 정말로 책임감 있는 사람은 자신이 통제할 수 있는 책임 범위를 확인하면서 언제나 눈앞의 현실을 똑바로 바라봅니다.

기유의 말에 등장하는 '생사여탈권'이란 다른 사람을 살릴지 죽일지 선택하는 권리를 말합니다. 기유는 여동생의 목숨을 구걸하는 탄지로에게 약자에게는 아무런 권리도 없다는 현실을 냉정하게 말해주고, 자기 인생에 책임감을 가지고 맡은 일을 끝까지 해내는 것이 얼마나 중요한지 가르쳐주었습니다.

그 말을 들은 탄지로는 무기를 사용해서 기유를 공격합니다. 그리고 이 행동은 나약했던 탄지로가 싸움에 나서는 커다란 한 걸음이 되었습니다.

강한 상대를 만나거나 위기 상황에 빠지면 누구나 맨얼굴이 드러나게 됩니다. 착한 사람일수록 공격적인 자세로 상대에게 맞서는 데 커다란 용기가 필요할지도 모릅니다.

탄지로처럼 누구에게나 친절하게 대하는 것은 훌륭한 행동입니다. 하지만 커다란 위험에 처했을 때나 인생을 지켜야 하는 상황에서 자신의 권리를 남에게 맡기는 일은 절대 해서는 안 됩니다.

탄지로처럼 궁지에 몰려서 꼼짝도 할 수 없게 되었을 때는 "비참하게 웅크리는 짓도 하지 마!!"라는 기유의 말을 떠올리고, 마음을 불태워서 눈앞의 싸움에 도전하시기 바랍니다.

21

울어도 돼.
도망쳐도 돼.
단, 포기하지만 말아라.
믿는 거야.
지옥 같은 단련을
견뎌낸 나날을.

쿠와지마 지고로 / 제33화 「괴로워하고 몸부림치며 앞으로」

고난에서 도망치고 싶어 하는 너에게 하는 말

하현 5 루이와의 싸움에서 독 때문에 온몸이 아프고 손발이 마비되는 와중에도 어떻게든 힘을 내는 젠이츠. 그 위기 상황을 벗어나는 데에는 할아버지와의 추억이 큰 힘이 되었습니다. 아무리 배워도 모든 형을 습득할 수 없었던 젠이츠는 할아버지에게 칼날로 때리는 것처럼 머리를 '빡 빡 빡' 얻어맞고, "그 누구보다 강인한 칼날이 되어라!"라는 말을 듣습니다. 이번 주제의 말은 툭하면 포기하고 도망치는 젠이츠를 강한 '주'로 키우기 위해, 강점을 하나라도 찾아내 성장시키려고 시행착오를 반복하는 할아버지의 말입니다.

당신에게는 도망치고 싶을 만큼 힘든 경험이나 괴로운 기억이 있나요? 어쩌면 당신의 기억 속에는 힘든 단련을 견뎌냈던 지옥 같은 나날이 있을지도 모릅니다. 운동을 하느라 육체적으로 괴로웠던 일도 있고, 학업에 매진하느라 정신적으로 괴로웠던 일도 있겠지요. 사춘기가 지난 무렵부터는 도망치고 싶어도 도망칠 수 없었을지도 모릅니다. 그때의 기억은 마음의 밑바닥에 가라앉아서 사라졌을 수도 있지만, 반대로 너무 무거워서 마음의 밑바닥에 계속 남아 있을지도 모릅니다.

힘든 단련을 하는 도중이나 단련을 시작한 지 얼마 되지 않았다면 "이게 무슨 도움이 될까?" "왜 이렇게까지 해야 하는 걸까?" 하고 고개를 갸웃거릴 수도 있습니다. 어쩌면 "그때 괜히 그런 경험을 하는 바람에" 하고 계속 분노를 품고 있을 수도 있고요.

하지만 지옥 같은 단련을 견뎌낸 나날은 반드시 긍정적인 결과로 이어지고, 그 경험은 앞으로 살아가는 데 좋은 영향을 안겨줄 것입니다. 영향의 크기는 조금 시간이 지난 후에야 실감할 수 있는 법이지요.

나무의 나이테처럼 사람도 경험을 거듭하면서 서서히 자신을 만들어 나갑니다. 안쪽의 자신과 바깥쪽의 영향이 서로 어우러지면서 '나'라는 사람을 만들어가는 것입니다. 바깥쪽의 영향이 너무 커서 안쪽의 자신을 억누르면 길고 가늘게 자라고, 안쪽의 자신이 바깥쪽의 영향을 튕겨내면 굵고 크게 자라겠지요.

그리고 칼을 만드는 것과 같이, 사람은 여러 사람과 접촉하면서 오랜 시간을 거쳐 성장하는 법입니다. 칼은 쇠를 커다란 망치로 두들겨서 형태를 만들고, 작은 망치로 두들겨서 일

그러진 부분을 가다듬습니다. 그런 과정을 거쳐야만 탄력과 강도, 예리함이 생겨나는 것입니다.

그러니 강해지고 싶다면 오랜 시간을 들여서 자신을 한계까지 두들겨나갑시다. 순도 높은 강철의 강인한 칼날처럼.

22

진정해!!
그리고 생각해.
조바심 내지 마.
절대로 생각을 포기하지 마.

카마도 탄지로 / 제150화 「깨달음」

저도 모르게 조바심을 내서 실패하는 너에게 하는 말

상현 3 아카자와의 싸움에서 이마에 반점이 나타난 탄지로.
내보내는 기술의 속도가 눈에 띄게 빨라지자 아카자도 속도
를 높입니다. 아카자를 쓰러뜨리는 데 시간이 걸리면 인간인
탄지로가 불리합니다. 탄지로의 최종 목표는 무잔을 쓰러뜨
리는 것이기에 여기에서 체력을 소모할 수는 없습니다. 그런
상황에서 탄지로는 아카자가 사용했던 '투기(鬪氣)'의 의미를
필사적으로 생각합니다. 이번 주제의 말은 어떤 공격을 하면
아카자에게 일격을 가할 수 있을지 생각하면서 탄지로가 자
신에게 한 말입니다.

　변화의 속도가 빠른 현대사회에서는 매일 수많은 판단을
순간적으로, 급박하게 내려야 합니다. 주변을 둘러보면 많은
사람이 조바심을 내면서 다급한 마음으로 살고 있습니다.
　일과 사생활 모두에서 충실하게 살기 위해 계획을 세웠
는데 거의 할 수 없었거나, 그런 상황이 되풀이되는 사이 목표
의 절반도 이루지 못한 채 한 해가 끝나고 연말을 맞이했다거
나, 몇몇 일들은 몇 년이나 손도 대지 못하고 마음만 조바심으
로 가득 차 있다 등등. 이런 일이 반복되면 자신감을 잃고 스
스로에게 실망할 수밖에 없겠지요. 작은 실수가 겹치면서 자

신이 있을 곳을 잃어버리고 장래를 긍정적으로 생각하기가 어려워진 사람도 있지 않을까요?

일이 뜻대로 되지 않을 때, 그 상황을 타개하는 유일한 방법은 생각을 포기하지 않는 것입니다. 생각을 포기하면 우연이 일어나지 않는 한, 상황은 달라지지 않습니다. 기적을 기다리는 것과 같지요. 따라서 일이 뜻대로 되지 않을 때는 아무리 괴로워도 사태를 해결하는 방법을 생각하고 또 생각하는 수밖에 없습니다.

이때, 공포에 덜덜 떨며 냉정함을 잃어버리면 지혜나 지식보다 조급한 마음이 앞서서 아무런 해결책도 나오지 않습니다. 밀기만 하면 쉽게 열리는 문을 계속 잡아당겨서 방에서 나가지 못했다는 웃을 수 없는 이야기가 있을 정도지요. 냉정함을 잃고 잘못 판단하면 이처럼 스스로도 믿을 수 없을 만큼 황당한 실수를 저지르게 됩니다.

그러니 조급한 마음이 솟구칠 때일수록 침착하게 생각해야 합니다. 눈앞의 문제에서 한 걸음 물러나 자신을 내려다보는 것이 좋습니다. 조바심을 내서 생각을 포기하면 저도 모르는 사이에 잘못된 길로 나아가게 되니까요.

하지만 포기하지 않으면 분명히 좋은 생각이 떠오릅니다. 마지막까지 생각하고 또 생각하십시오. 탄지로의 아버지가 "끝까지 포기하지 마라. 끊임없이 생각해라. 그 어떤 벽이라도 언젠가 부서진다. 끊임없는 노력만 있으면"이라고 말한 것처럼 말이죠.

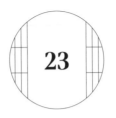

23

쓰러뜨리겠다고 결심했으면
쓰러뜨려.
이기겠다고 결심했으면
반드시 이겨.

코쵸우 카나에 / 제142화 「충주·코쵸우 시노부」

중요한 순간에 마음이 약해지는 너에게 하는 말

언니인 카나에를 죽음에 이르게 한 원수를 갚기 위해 상현 2 도우마에게 혼자 맞서는 코쵸우 시노부. 하지만 혈귀의 목을 칼로 베지 못해 고전하는 와중에, 적인 도우마가 시노부의 약점을 지적합니다.

"그만큼 빨랐다면 이겼을지도. 아, 무리인가? 넌 작으니까."

현실을 절감하며 도우마를 이길 수 없는 게 아닐까 하고 마음이 꺾이려는 순간, 시노부의 눈앞에 언니 카나에의 환영이 나타납니다.

카나에는 도우마의 칼에 베여 일어나지 못한 채 싸움을 포기하려는 동생을 질타하고 격려합니다.

"우는 건 용납 못 해. 시노부라면 잘할 수 있어."

이번 주제의 말은 그대로 있다가는 동생이 도우마에게 당할까 봐 걱정한 카나에가 강한 말투로 시노부를 북돋우기 위해 한 말입니다.

진지하게 승부에 나설 때, 패배할지도 모른다는 마음으로 임하는 사람은 아무도 없겠지요. 상대가 아무리 강적이라고 해도 승부하겠다고 생각한 이상 "반드시 이기겠다!"라는 기개로 도전할 것입니다.

하지만 상대와 대결하면서 상황이 불리해지면, 저도 모르게 마음이 약해질 수도 있습니다. 그때야말로 **승리에 집착해야 합니다.** 승부의 세계에서는 승리에 집착해야 한다는 말을 자주 듣곤 합니다. 궁지에 몰렸을 때 승리에 집착하면 강한 힘과 이기는 힘이 태어나기 때문입니다. 이런 마음을 만들어내는 것은 **반드시 승리하겠다, 무슨 일이 있어도 쓰러뜨리겠다는 흔들림 없는 결의이자 결심입니다.** 실제로 탄지로와 '주'들의 얼굴에 반점이 나타나는 것은 상대를 쓰러뜨리고 싶다는 마음이 최고조에 달했을 때입니다. "내 실력으로는 승산이 없어. 운이 좋으면 이길 수 있을지도 모르지만"이라는 마음으로 운에 기대어 싸움에 나서는 검사는 없습니다. 싸움은 항상 정면승부이고, 이기겠다고 결심하지 않으면 이길 수 없으니까요.

전 미국 대통령인 링컨은 이런 말을 남겼습니다.

"정말로 성공하겠다고 결심하면 이미 성공한 것이나 마찬가지다."

성공하고 싶다고 해서 누구나 성공하는 것은 아닙니다.

처음부터 성공하겠다고 결심한 사람만이 성공할 수 있습니다. 반드시 성공하겠다고 굳게 결심했기에, 기회가 찾아왔을 때 움켜잡을 수 있었던 것입니다.

마찬가지로, 이기겠다고 결심한 사람은 어떤 일이 있어도 포기하지 않습니다. 반드시 이기겠다고 굳게 결심한다면 어떤 일도 해낼 수 있지 않을까요?

반드시 이기겠다고 결심하면, 그 순간 마음 깊은 곳에서 에너지가 솟구칩니다. 그 에너지가 주변에 전해지면 저절로 동료가 모이게 됩니다.

그러니 이기겠다고 결심했으면 반드시 이기겠다는 기개를 가지고 상대에게 맞서기 바랍니다. 그것이 당신을 강하게 만들어주는 힘이 될 것입니다.

24

너에겐 미래가 있어.
10년 후, 20년 후의
너 자신을 위해서라도
지금 노력해야 해.
지금 할 수 없는 일도
언젠가는 할 수 있게 될 테니까.

카마도 탄지로 / 제103화 「요리이치 영식(零式)」

좀처럼 도전하지 못하는 너에게 하는 말

집안 대대로 내려오는 전투용 꼭두각시 인형의 조종 열쇠를 토키토 무이치로에게 빼앗긴 인형사 장인 코테츠. 토키토 무이치로는 눈 깜짝할 사이에 꼭두각시 인형을 공략하더니, 인형의 팔 하나를 잘라 움직일 수 없게 만들고 떠나버립니다. 이 일로 자신에게는 도공의 재능도, 꼭두각시 인형을 수리할 재능도 없다고 느낀 코테츠는 꼭두각시 인형의 운용이 자기 대에서 끊길 수도 있다는 현실을 눈앞에서 보고 절망합니다. 이번 주제의 말은 나무 위로 올라가 현실도피를 하는 코테츠에게 인생 선배인 탄지로가 다정하게 건네는 말입니다.

당신은 어느 정도의 미래까지 생각하며 현재를 살고 있나요? 그 미래를 위해 지금 어떤 일을 하고 있나요? 언젠가 해보고 싶다, 언젠가 이루고 싶다, 라고 생각하는 일이 있나요?

동생인 네즈코를 인간으로 되돌리기 위해 탄지로는 혈귀를 잇달아 퇴치하며 놀라운 속도로 성장합니다. 1분 1초라도 빨리 동생을 인간으로 되돌리고 싶은 마음과 늘 생명을 위협당하는 상황에 처해 있다는 긴장감이 원동력으로 작용하기 때문입니다. 아마 탄지로는 스스로에게 "지금 할 수 없는 일도 언젠가는 할 수 있게 된다"라고 말하며, 실패를 두려워하지 않고 계속 앞으로 나아가고 있겠지요.

싸우다가 베이고, 베이면 쉬고, 회복되면 또 싸우고, 그러다 또 베이는 탄지로처럼 무언가를 이루기 위해서는 오직 끊임없이 일어서서 도전하는 수밖에 없습니다.

도전이란 지금의 나보다 확실히 한 걸음 앞으로 나아가는 일입니다. 앞으로 나아가면 도로 밀리기도 하겠지만, 그때마다 '언젠가, 언젠가'라는 마음으로 미래를 향해 전진해야 합니다. 다시 일어선 횟수만큼 앞으로 나아가는 것입니다.

당신의 목표는 10년 후, 20년 후가 아니라 더 일찍 이루어야 하는 것일지도 모릅니다. 사람은 누구나 나이를 먹지만 열심히 노력하는 사람은 지금 이 순간에도 계속 미래로 나아가고 있습니다. 시간은 결코 사람을 기다려주지 않습니다. 도달점에 더 빨리 도착하기 위해서는 나아가는 속도를 올리는 수밖에 없으니까 "더 빨리! 더 빨리!" 하며 조바심이 나기도 하겠지요.

하지만 어떤 일도 하루아침에 이루어지지 않습니다. 조바심을 내면 낼수록 시선은 미래로 달려가서 지금을 소홀히

하게 됩니다. 그러니 너무 속도를 올리지 말고 확실하고 착실하게 나아가야 합니다. 이루고 싶은 것과 도전하고 싶은 것을 정한 후, 지금 하는 일을 차근히 하나씩 쌓아가야 합니다.

미래는 지금 쌓아가는 일의 결과일 뿐입니다. 미래의 자신을 위해서 일단 눈앞에 있는 일을 제대로 해내길 바랍니다.

25

그깟 일로
내 정열은 사라지지 않아!
마음속 불꽃이 꺼질 일은 없어!
난 결단코 꺾이지 않아!

렌고쿠 쿄쥬로 / 제55화 「무한몽 열차」

인정받지 못해 화가 나는 너에게 하는 말

무한열차에서 하현 1 엔무에 의해 잠이 든 쿄쥬로는 자신이 갓 '주'가 되었을 때의 꿈을 꿉니다. 아버지에게 '주'가 되었다고 말하지만, 예전에 '주'였던 아버지는 아들의 성장을 기뻐하기는커녕 차갑게 되받아칩니다.

"네가 '주'가 되었는데 나더러 어쩌라고? 시시하군, 아무 짝에도 쓸모없다. 어차피 대단한 곳까지 오르진 못할 거다. 너도, 그리고 나도."

슬픔으로 마음이 무너지려고 하는 그때, 동생인 센쥬로가 조심스럽게 묻습니다.

"아버지는 기뻐하시던가요? 저도 '주'가 되면 아버지가 인정해주실까요?"

이번 주제의 말은 쿄쥬로가 그런 동생의 기운을 북돋우려 한 말입니다.

지금 당신이 정열을 불태우고 있는 것은 어떤 일인가요? 엄청난 집중력을 가지고 몰입하는 일이나 특별한 마음, 사건 같은 것이 있나요? 당신의 정열을 만들어내는 불씨가 된 불꽃은 어디에서 온 것인가요?

누구에게나 정열을 가지고 하는 자신만의 일이 있겠지만, 중요한 것은 '불꽃이 끊임없이 타오르고 있느냐' 하는 것입니다. 불꽃이 계속 타오르려면 연료가 필요합니다. 그 연료는 당신이 직접 보급했을지도 모르고, 누군가가 보급해주었을지도 모릅니다. 어쨌든 정열이 있다는 것은 당신이 계속 노력해온 결과이기도 합니다.

때로는 누군가가 당신의 불꽃을 꺼트리려고 할 수도 있습니다. 하지만 당신이 스스로에게 계속 연료를 보급하는 한, 불꽃이 꺼지고 정열이 사라지는 일은 없겠지요. 반대로 당신이 스스로 불꽃을 꺼트리려고 할 때는, 누군가가 계속 연료를 주입해도 불꽃은 꺼져버릴 것입니다. 불꽃을 조종할 수 있는 사람은 우리 자신밖에 없기 때문입니다.

만약 어떤 일에 좌절해서 정열의 불꽃이 꺼질 것 같은 때는 쿄쥬로의 말을 떠올려보십시오. 누군가에게 인정받지 못해도 자신의 목표가 바뀔 이유는 없습니다. 또한, 스스로 해결할 수 없는 일이라면, 생각하기를 그만둡시다. 생각해도 어쩔 수 없는 일을 되뇌기보다는 자신의 사명을 떠올리며 결코 꺾이지 않겠다고 맹세하는 것은 어떨까요? 목표를 이루고 싶다면 스스로를 인정하고, 자신에게 연료를 보급해 앞으로 나아가는 행동이 더 중요하지 않을까요?

그리고 부모나 선생님, 선배가 인정해주지 않더라도 당신을 응원하는 사람은 반드시 있습니다. 지금 당신의 눈앞에 없어도 어디선가 지켜보고 있습니다. 불씨를 꺼트리지 않고 계속 앞으로 나아간다면, 이윽고 그 사람은 당신 앞에 나타날 것입니다. 그러니 아무리 방해꾼이 많아도 꺾이지 말고 끊임없이 앞으로 나아가시기 바랍니다.

26

포기하지 마,
포기하지 마,
포기하지 마!!!
물고 늘어져, 끝까지!!

카마도 탄지로 / 제93화 「절대 포기하지 않아」

자신의 나약함에 질 것 같은 너에게 하는 말

온몸에 중상을 입었으면서도 상현 6 다키와 규타로를 쓰러뜨리기 직전까지 몰아붙인 탄지로 일행. 그들은 길어지는 싸움으로 체력을 빼앗겼지만 빨리 둘을 쓰러뜨리고 동료를 구하고 싶다는 생각에 죽을힘을 다해 싸웁니다. 탄지로는 규타로의 목을 벨 절호의 기회를 얻었지만, 순간 갑자기 반격을 당합니다. 이번 주제의 말은 "조금만 더, 조금만 더"라고 가까스로 버티면서 혈귀의 목을 노릴 때, 탄지로가 자신에게 한 말입니다.

당신은 가슴에 달라붙어서 떨어지지 않는 커다란 후회가 있나요? 그것은 어느 때, 어떤 사건인가요?

"싸움에서 이기고 승부에서 진다"라는 말이 있듯이 탄지로 일행은 하현·상현 혈귀와 싸워서 승리를 거두었지만 많은 동료를 잃게 됩니다. 하현·상현 혈귀를 물리친 일은 혈귀를 없앤다는 목표만 생각한다면 바람직한 일입니다. 하지만 그로 인해 수많은 동료를 잃었다면 기쁨보다는 커다란 후회가 남을 수밖에 없겠지요.

후회는 일이 일어나기 전이 아니라 일이 일어난 다음에 하는 법입니다. 대부분 그때 자신이 한 행동이 만족스럽지 않거나 자신의 판단 실수로 일을 그르쳤다고 생각하기 때문이지요. 아무리 힘들고 괴로워도 끝까지 버티며 싸웠는데 졌다거나, 끝까지 싸워서 이겼음에도 불구하고 엄청난 대가를 치렀다거나. 이런 식으로 끝까지 포기하지 않고 싸웠는데도 후회가 남는 경우도 있습니다.

무언가를 얻는 일은 무언가를 잃는 일이고 무언가를 희생하는 일이기도 합니다. 즉, 이겨도 후회할 일이 생깁니다. 그렇다고 해서, 아니, 그렇기 때문에 포기해서는 안 됩니다. **최후의 순간까지 끊임없이 도전하고 완벽하게 이길 때까지 물고 늘어지지 않으면 이길 수 없거나 잃고 싶지 않은 것을 잃게 됩니다.**

한편, 사람은 과거로 돌아갈 수 없습니다. 인생을 돌아보았을 때, "만약 그때 ○○을 했다면" 하고 몇 가지 후회하는 일이 떠오르는 사람도 있겠지요. 하지만 자신의 인생에서 그 일들을 지울 수는 없습니다.

그러니 만약 후회하는 일이 있다면, 다시는 후회하고 싶지 않은 마음을 원동력으로 삼아 스스로를 단련하고, 지금 하는 일을 끝까지 해내는 게 어떨까요? 무언가를 이루어냈다는 성취감은 스스로에게 크나큰 자신감을 안겨줍니다. 그리고 그 자신감은 끝까지 포기하지 않으면 무언가 이루어낼 수 있다는 강한 확신으로 이어지게 됩니다.

과거의 후회는 얼마든지 강한 힘으로 바꿀 수 있습니다.

27

무조건 사는 것만 생각해라.
살아 있기만 하면
어떻게든 될 터이니.
그 계기를 지나치지 말아라.
사소한 일들이 시작점이 되어
네 머릿속에 낀 안개를
선명하게 걷어줄 것이다.

우부야시키 카가야 / 제108화 「토키토, 고마워」

희망을 잃어버린 너에게 하는 말

양친을 잃고 형제끼리 살았던 토키토 무이치로는 혈귀의 습격을 받아 유일한 핏줄인 형을 잃게 됩니다. 무이치로는 오랫동안 형의 시신 곁에 쓰러져 있다가, 우부야시키 카가야가 보낸 이들에게 구조되어 우부야시키 저택에서 의식을 되찾습니다. 하지만 형이 혈귀에게 습격당했을 때의 충격으로 기억상실에 걸리고 혼란 상태에 빠지게 됩니다. 이번 주제의 말은 우부야시키가 그런 사정을 알고 무이치로가 부상에서 회복되기를 바라면서 한 말입니다.

당신은 스스로를 잃어버린 적이 있습니까? 자신을 지탱하던 커다란 기둥이 하나둘 무너지면 두 발로 서기가 점차 어려워집니다. 어느새 온몸의 힘이 빠지고, 다리에도 힘이 들어가지 않게 되기 때문입니다. 이 세상 모든 것이 싫어지면서 전부 내던지고 싶고, 숨 쉬는 것조차 포기하고 싶은 괴로운 상황. 지금까지 경험한 적이 없어도 어쩌면 미래에 그런 상황에 처할 수도 있을 것입니다.

자신의 힘으론 어찌할 수 없을 만큼 괴로울 때, 우부야시키 같은 사람이 옆에 있어주면 일어서려고 하는 마음이 고개를 내밀 수도 있겠지요. 하지만 현실에서 그런 사람을 만나는 일은 거의 없고, 대부분은 어떻게든 온몸의 힘을 짜내 자기 발로 일어나야 합니다.

자기 발로 다시 일어서려고 할 때, 가장 중요한 것은 무엇일까요? **무조건 사는 것만 생각하는 것입니다.** 살아서 생명을 이어가는 것, 그것부터 시작해야 합니다. 모든 것을 내던지고 싶어졌을 때, 당신을 구하는 것은 근원적인 힘인 생명력입니다. 꿈과 희망의 힘만으로는 다시 일어설 수 없으니까요.

살아 있기만 하면 어떻게든 됩니다. 전쟁이나 분쟁이 일어나는 비참한 상황에서는 매일 수많은 사람이 사망하지만, 일본은 그렇지 않습니다. 그러니 살겠다고 마음만 먹으면 얼마든지 살 수 있습니다.

물론 스스로를 되찾고 상처를 치유하려면 오랜 시간이 걸립니다. 혈귀도 아니고 특수한 능력이 있는 귀살대도 아닌, 평범한 우리 인간에게는 회복하기 위한 시간이 필요합니다.

한편 생명력은 누구에게나 평등하게 주어진, 말 그대로 살기 위한 힘입니다. 숨만 쉬고 있으면 아무것도 하지 않아도 상처가 치유됩니다. 그러니 상처를 입었을 때는 조바심내지 말고 상처를 치유하는 데에만 전념하는 게 좋습니다. 그러면 상처가 회복되는 과정에서 사소한 일을 계기로 다시 힘이 깃들고, 지금까지 안개에 싸여 보이지 않았던 시야도 맑게 개며 천천히, 천천히 멀리 있는 빛이 보일 것입니다.

28

설령 네가 할 수 없어도
다른 누군가가
반드시 이어받을 거야.
그러니까 다음 대에
이어지기 위해 어떻게든
노력해야 해.

카마도 탄지로 / 제103화 「요리이치 영식(零式)」

큰 실수를 저지른 너에게 하는 말

도공 마을에서 에도 시대(1603~1867. 에도 막부가 일본을 다스리
던 시대)부터 이어지고 있는 전투용 꼭두각시 인형을 지키는
코테츠. 그는 자신이 도공의 재능도 인형을 조종하는 재능도
갖고 있지 않아, 선조에게서 받은 유산을 이어갈 수 없으리라
고 한탄하고 있었습니다. 자신의 미래를 내다보고 할 수 있는
일을 노력하면 된다고 탄지로가 조언하지만, "나 때문에 모든
게 끝나버릴 거야"라고 눈물을 흘리며 자포자기합니다. 이번
주제의 말은 그런 코테츠에게 포기하지 말고 희망을 품고 앞
으로 나아가라고 격려하기 위해 탄지로가 한 말입니다.

당신이 지금까지 경험한 포기와 좌절은 어떤 것인가요?
동아리 활동을 하다가 부상을 입어 시합 출전을 포기했거나,
뮤지션으로 살고 싶었지만 경제적인 이유로 포기했을 수도
있습니다. 또는 이어받을 사람이 없어서 대대로 이어온 가업
을 접어야 했을 수도 있겠지요.

현재 일본에서는 전통과 문화가 쇠퇴하고 소멸하고 있다
고 합니다. 당신도 주변에서 보고 들은 적이 있거나 당사자로
서 문제에 직면해 무언가를 단념하거나 좌절한 경험이 있을

지도 모릅니다.

귀살대의 당주인 우부야시키 카가야처럼, 일가를 계승해야 한다는 운명을 가지고 태어났고 본인도 그러기로 각오했지만, 도중에 뜻을 이루지 못한 채 그 길에서 어이없게 벗어나야 하는 일도 있을 것입니다.

단념이나 좌절이라는 말만 들으면 부정적으로 생각하기 쉽지만, 결코 그렇지 않습니다. **그 순간을 이겨내고 마지막까지 해내고 나면 속박이나 중압감에서 해방된 것처럼 후련한 기분이 들기 때문입니다.**

그리고 누군가에게 이어지도록 계속 노력하다 보면 반드시 계승하기에 알맞은 사람, 계승할 만한 힘이나 능력을 가진 사람이 나타납니다. 남기고 싶다, 전하고 싶다, 라는 강렬한 마음은 그에 어울리는 사람을 끌어당기는 법이니까요.

그러니 지금 어떤 상황에 있더라도 당신이 가진 뜻과 의지를 이어가시기 바랍니다. 여태껏 키워온 노력과 경험을 물거품으로 돌리지 않기 위해서라도, 다음으로 이어지려는 노력을 멈춰서는 안 됩니다. 형태로 남기든 누군가에게 전하든 상관없습니다. 중요한 일은 다음으로 이어가기 위한 노력을 게을리하지 않는 것입니다.

그런 노력이 당신을 구하고 다음 세대를 키우며 역사를 계속 이어가게 만듭니다. 그리고 그것이 당신을 키워준 사람에게 은혜를 갚는 일이기도 합니다.

제4장

강해진다

29

할 수 있고 없고가 아니라
반드시 해야만 하는 일이 있다.

코쵸우 시노부 / 제143화 「분노」

실패를 두려워하는 너에게 하는 말

상현 2 도우마를 쓰러뜨리고 조금이라도 많은 사람을 구하기 위해 자신이 가진 모든 힘을 짜내는 귀살대 '주' 코쵸우 시노부. 그는 "설령 힘이 약할지라도, 혈귀의 목을 벨 수 없을지라도, 혈귀 한 놈을 쓰러뜨리면 수십 명의 목숨을, 만약 상현을 쓰러뜨릴 수 있다면 수백 명의 목숨을 구할 수 있다"라고 생각하면서, 도우마에게 과감하게 대항합니다. 이번 주제의 말은 도우마의 몸에 흡수되기 직전에 한계를 뛰어넘어 최후의 일격을 가했을 때, 시노부가 스스로에게 다짐한 마음의 목소리입니다.

어떤 일에 도전할 때, 할 수 있을지 없을지 불안해하거나 완벽하게 해내고 싶은 나머지 좀처럼 걸음을 내딛지 못한 적이 있지 않나요? 그런 때에는 내가 반드시 그 일을 해야 할 이유나 사명을 떠올리는 것이 어떨까요? 그에 눈을 돌리면 앞으로 걸음을 내딛을 힘이 생기게 됩니다.

일에서 최고의 실적을 달성하고 싶다, 시험에서 더 좋은 점수를 받고 싶다, 많은 사람이 알 수 있도록 유명해지고 싶다. 이런 것들도 그 일을 해야 할 이유가 되고, 어려움에 빠진 사람을 구하고 싶다는 커다란 사명도 그 일을 해야 할 원동력이 됩니다. 일의 경중은 중요하지 않습니다.

그런 이유나 사명이 보이지 않는다고 해도 신경 쓸 필요는 없습니다. 그런 것은 살아가는 동안 발견하고, 그동안 해내면 되니까요. 또한 어딘가에서 무언가 잘못되었다는 걸 알아차리면, 그때 옳다고 생각하는 것을 원동력으로 삼으면 됩니다. 조바심을 내거나 안절부절못하지 않아도 됩니다. 그 일을 해야 할 이유나 사명을 찾겠다는 의지와 자세만 있으면 충분합니다.

다만, 매일 아무 생각도 하지 않고 멍하니 살면 그 일을 **해야 할 이유나 사명감은 태어나지 않습니다.**
탄지로, 젠이츠, 이노스케가 '주'가 되기 위해 단련하는 것처럼, 반드시 무언가를 해내야 한다는 강한 이유나 사명감은 명확한 목표를 가지고 행동해야만 태어나기 때문입니다. 힘이 약한 코쵸우 시노부도 오랫동안 계속 단련해왔기 때문에 도우마의 몸에 흡수될 뻔한 위기 상황에서 혼신의 일격을 가할 수 있었습니다.

　당신이 이미 사명을 가지고 있다면 매우 훌륭합니다. 반면에 아직 사명을 찾지 못했다면 이번 기회에 꼭 생각해보시기 바랍니다. 당신의 목표는 무엇인가요? 그 목표는 반드시 해야 할 일인가요? 어떤 목표로 바꾸면 반드시 해야 할 사명으로 승화할 수 있을까요?

　반드시 해야 할 일을 찾아냈는데도 가슴을 가득 메운 두려움 때문에 할 수 없을 때는 "설령 이번에 실패해도 그것은 단순히 한 단계에 불과하다"라는 마음으로 해보시기 바랍니다. '할 수 없을 때'보다 '하지 않을 때'에 앞으로 나아갈 힘을 더 많이 잃어버릴 수 있기 때문입니다.

30

걱정할 건 아무것도 없어.
우린 언제든지 안심하며
인생의 막을 내리면 되니까.

츠기쿠니 요리이치 / 제175화 「후생이 가외(可畏)라」

후회할 일이 많은 너에게 하는 말

상현 1 코쿠시보는 싸우던 중 쇠구슬과 도끼에 목이 낀 채, 비명을 지르며 과거를 떠올립니다. 그가 아직 인간이었던 무렵의 이름은 츠기쿠니 미치카츠. 시작의 호흡 사용자인 츠기쿠니 요리이치의 형이었습니다. 호흡술을 계승할 수 있는 실력자가 없다고 걱정하는 그에게, 동생 요리이치는 이렇게 말합니다.

"우린 그렇게까지 대단한 존재가 아니야. 기나긴 인간의 역사 속에서 겨우 한 조각에 불과하지."

아무 말도 하지 않고 가만히 동생을 바라보는 형에게, 요리이치는 이번 주제의 말로 자신의 진심을 전합니다.

당신은 언제든 인생의 막을 내려도 좋다고 말할 수 있나요? 그만큼 미리 준비해두었나요? 어쩌면 아직 남아 있는 일이 많을지도 모릅니다. 그래도 지금 이 순간 인생이 끝난다고 했을 때, 최소한으로 후회할 수 있도록 노력하고 있나요?

인생의 후회를 줄이는 방법 중 하나는 시간을 제한하는 것입니다. 인생의 막이 저절로 닫히는 시기가 몇 살이라고 생각하나요? '대강 몇 살'이 아니라 구체적인 나이를 떠올려보십시오. 그리고 그 나이에서 역산을 시작해 자신을 위해 사용할 수 있는 시간이 어느 정도인지 계산해보십시오. 자신의 수명을 구체적인 숫자로 적으면 갑자기 1분 1초가 아깝거나 공포와 불안에 휩싸일지도 모릅니다. 하지만 오히려 그렇기 때문에 구체적으로 떠올려야만 합니다.

우리는 공연에 가거나 여행 일정이 정해지면 그때를 대비해 미리 이런저런 준비를 합니다. 인생도 그와 같습니다. 수명을 구체적으로 떠올리면 남은 인생에서 할 수 있는 일이나 해야 할 일을 구체적으로 생각하게 됩니다. 다른 사람들에게 일을 떠맡기지 않고 스스로 조절하며 사는 것은 쉽지 않습니다. 그렇기 때문에 인생의 막을 내릴 때, 즉, 인생에서 남은 시간을 설정하는 것이 중요합니다.

요리이치는 인간은 원래 작은 존재이고 모두 똑같다, 그렇기에 특별히 비관할 필요는 없다, 지금 이 순간을 계속 쌓아나가면 반드시 가능성이 보일 것이라고 말했습니다. 자신의 생명이 얼마나 남았는지 알고 있었으며, 그때까지 누구와 비교하지 않고 스스로를 똑바로 바라보면서 살았기에 그렇게 말할 수 있었겠지요. 아마 자신의 인생에 대해 나름대로 각오를 정하고 긍정적으로 타협하지 않았을까요?

자신의 한계를 알면 자기 인생을 책임지겠다고 각오할 수 있고, 각오를 정하면 불안에 휘둘리지 않고 강한 모습으로 있을 수 있습니다. 그러면 후회를 남기지 않고 인생의 막을 내릴 수 있는 경지에 도달하게 됩니다.

인생 후반부에 후회하지 않도록, 각오를 정하고 남은 삶을 사는 건 어떨까요?

31

나에게 힘을 빌려주는
모두의 바람은,
모두의 소망은,
오직 하나뿐이다.
혈귀를 쓰러뜨리는 것,
사람의 목숨을 지키는 것,
나는 그것에 부응해야만 한다!!!

카마도 탄지로 / 제113화 「혁도(赫刀)」

동료의 마음에 부응하겠다고 결심한 너에게 하는 말

상현 4 한텐구와의 사투에서 정신을 잃은 탄지로. 먼저 의식
을 되찾은 네즈코의 도움을 받지만, 네즈코는 건물이 파괴되
면서 그 아래에 깔립니다. "절대 버리지 않아"라고 말하는 탄
지로. 그러자 네즈코는 힘을 담아 칼을 부여잡고, 피의 힘으로
칼을 폭혈도(爆血刀)로 변화시킵니다. 그것을 본 탄지로는 과
거에 자신을 구해준 사람들을 떠올리고, 그들의 기대에 부응
해야 한다고 결심합니다. 이번 주제의 말은 탄지로가 한텐구
에게 맞설 때 자신에게 한 말입니다.

모든 사물에는 두 가지 면이 있습니다. 밝게 보이는 앞모
습과 그림자가 되어 숨어 있는 뒷모습입니다. 같은 물건이라
도 시선을 어디에 두느냐에 따라 보이는 면이 달라집니다. 놓
는 위치에 따라서 양쪽 면이 다 보이는 일도 있지만, 위치를
바꾸어 보지 않으면 눈에 보이는 것은 언제나 같습니다.

인간관계에서도 마찬가지입니다. 강한 모습, 약한 모습,
기뻐하는 모습, 슬퍼하는 모습 등 모든 사람에게는 여러 모습
이 있습니다. **평소에 자신의 다양한 면을 보여주는 사람은 주
변 사람들도 그 모습을 이해해줍니다.** 그리고 상대의 다양한
면을 볼 수 있는 사람은, 그 사람의 변하지 않는 진정한 모습

도 알아차릴 수 있습니다.

 탄지로가 동료의 도움을 받을 수 있었던 것은 강함과 약함을 비롯해 자신의 다양한 면을 그들에게 보여주었기 때문입니다. 당신은 주변 사람에게 당신의 어떤 면을 보여주고, 주변 사람들의 어떤 면을 보고 있나요?

 평소에 주변 사람에게 강한 면만을 보여서, 매우 강한 사람이라는 이미지를 주었다고 해봅시다. 그러면 당신이 상처를 받은 경우에도 주변 사람은 그 사실을 알아차리지 못해 도움을 주지 못할 수도 있습니다. 설사 당신이 상처를 받았다는 걸 알아차려도, 자신의 도움이 오히려 발목을 잡는 게 아닐까 해서 도움의 손길을 선뜻 내밀지 못할 수도 있습니다.

 만약 주변 사람들에게 강한 사람이라는 인상을 주었더라도, 지금 너무 괴로우니 도움을 받고 싶다는 모습을 보이면, 사람들은 분명 곧바로 달려와 손을 내밀 것입니다.

 인간으로 태어난 이상, 우리는 괴로워하는 사람을 내버려둘 수 없습니다. 인간은 본능적으로 누군가를 지켜야 한다는 마음을 가지고 있기 때문이지요.

 그러니 힘들거나 괴로울 때는 누군가에게 순순히 손을

내밀어 **도움을 청하면 됩니다.** 도움을 청하는 일은 결코 부끄러운 일이 아닙니다. 상대를 믿는 강한 마음이 있는 사람만이 순순히 손을 내밀 수 있으니까요.

또한 도움을 청하면 반드시 도와주는 사람이 나타나게 되어 있습니다. 그러므로, 힘들고 어려울 때는 먼저 손을 내밀어 도움을 청할 수 있는 사람이 됩시다. 도움을 받는 일은 도와준 사람과의 신뢰 관계가 깊어지는 계기가 되기도 하니까요.

32

남에게 베풀지 않는 자는
결국 남한테서 아무것도
받을 수 없게 되지.
욕심만 부리는 놈은
결국 아무것도 갖지 못하는
것이나 마찬가지야.
스스로는 아무것도
만들어낼 수 없으니까.

유시로 / 제146화 「자랑거리」

자기 자신만 생각하는 너에게 하는 말

번개의 호흡 제7형 화뢰신으로 상현 6 카이카쿠의 목을 벤 젠이츠. 카이카쿠는 머리와 몸통이 분리되어 아래로 떨어집니다. 그가 "고작 이런 녀석에게 내가? 이 내가 지는 건가? 머리가 이상해질 것 같아. 아니, 그럴 리가 없어. 난 패배하는 게 아니야. 그 쓰레기도 떨어져서 죽을 거야"라고 최후의 저항을 하는 순간, 돌연 유시로가 젠이츠를 구하러 나타납니다. 이번 주제의 말은 유시로가 붕괴되고 있는 카이카쿠에게 한 말입니다.

사회에는 "내가 먼저 주면 돌고 돌아서 내게 돌아온다" "내가 먼저 주어야 남에게서 받을 수 있다"라는 사고방식이 있습니다. 남에게 받는 것만 기대하지 말고 우선 자신부터 주는 사람이 되라는 뜻인데, "남에게 베풀지 않는 자는 결국 남한테서 아무것도 받을 수 없게 되지"라는 유시로의 말에도 이와 같은 메시지가 담겨 있습니다. 유시로가 카이카쿠에게 이렇게 말한 데에는 이유가 있습니다. 예전에 귀살대의 검사였던 카이카쿠는 인간이었을 때부터 늘 독선적이고 불만을 가진 모습을 보였기 때문입니다.

남에게 주는 것은 결코 간단한 일이 아닙니다. **나중에 받**

기 위해서 주면, 그것은 종종 대가를 원하는 행동이 되어버리고 말기 때문입니다. 또한 먼저 주었다고 해서 똑같은 것을 받는다고는 할 수 없습니다. 아니, 실제로 돌려받을 수 있는 기회는 생각보다 훨씬 적을 것입니다.

그로 인해 때로는 불만이 생기기도 합니다. "난 기껏 '이러이러한 것'을 해주었는데, 상대는 아무것도 해주지 않는다" "상대를 위해서 '이런 것'을 해주었는데, 고맙다는 인사도 하지 않는다" 등의 말이 나올 수 있죠.

"○○을 해주었는데 ○○을 해주지 않는다" "××을 해주었는데 ××가 돌아오지 않는다"라는 것은 대가를 원하는 마음이고, 원했던 대가를 얻지 못하면 부정적인 감정이 생기게 됩니다.

이런 일이 반복되면 최악의 경우에는 상대에게 부정적인 감정이 싹틀 뿐만 아니라, 자신이 먼저 주는 것조차 그만두게 될 수도 있습니다. 그러면 아무것도 주지 않고 바라기만 하는 사람, 결국 주변에 아무도 남지 않은 고독한 사람이 됩니다. 그런 사실을 알면서도 사람들은 악순환에 빠지곤 합니다. 받기를 원하지 않고 주는 것은 그만큼 어렵기 때문이죠.

　유시로의 말에는 이런 상황을 극복하기 위한 힌트가 담겨 있습니다. 바로 **자신이 무언가를 만들어내는 사람이 되는 것**입니다. 무언가를 만들어내는 사람은 남에게 줄 수 있을 뿐만 아니라 자신이 만들어낸 것을 항상 가질 수 있어서, 스스로를 만족시킬 수 있습니다. 구태여 남에게 받지 않더라도 부정적인 감정에 빠지는 일이 없게 되지요.

　스스로 만들어내는 것이 꼭 눈에 보이는 물건일 필요는 없습니다. 말과 마음, 행동 등 추상적인 것이라도 상관없습니다. 인간은 누구라도 상대를 위해, 그리고 자신을 위해 무언가를 만들어내는 사람이 될 수 있으니까요.

33

영원한 건 사람의 마음이다.
사람의 마음이야말로
영원하고 불멸하지.

우부야시키 카가야 / 제137화 「불멸」

꿈이나 마음을 무시당한 너에게 하는 말

마침내 귀살대의 당주인 우부야시키의 저택을 알아내, 빈사 상태에 빠진 우부야시키를 찾아온 키부츠지 무잔. 우부야시키는 무잔을 향해 "나는 네 마음을 안다"라고 말합니다. 그리고 무잔이 영원과 불멸을 꿈꾸고 있음을 알아맞히자 무잔은 자신만만하게 말합니다.

"네 말이 맞아. 그리고 그건 곧 이루어질 거야. 네즈코만 손에 넣으면. (…) 너와 달리 나에겐 시간이 아주 많거든."

이번 주제의 말은 그때 우부야시키가 "넌, 단단히 착각하고 있어"라고 무잔의 말을 일축하고 한 말입니다.

고대 중국의 진시황을 비롯해, 아득한 옛날부터 권력자들은 항상 영원한 생명을 손에 넣으려고 했습니다. 최근 DNA 보존 등도 화제가 되고 있지만, 안타깝게도 지금의 과학기술로는 영원한 생명을 얻을 수 있는 방법을 찾지 못한 것 같습니다. 무언가를 영원히 지속하는 것은 그만큼 어려운 일이겠지요.

특히 형태가 있는 것은 낡거나 흠집이 나면서 서서히 부서집니다. 보석처럼 단단한 물질도 사람의 눈에 보이지 않을 만큼 미세한 흠집이 생기고 조금씩 낡게 됩니다. 현존하는 최고의 기술로 변하기 힘든 상태를 만들었다고 해도, 그것은 어디까지나 현시점의 기술이라는 전제 조건이 있을 때뿐이지, 앞으로도 영원히 변하지 않는 절대적인 원칙은 아닙니다. 형태가 있는 것을 그대로 유지하기란 그만큼 어려운 일입니다.

하지만 형태가 없는 것, 예를 들어 사랑하는 사람에 대한 마음이나 소중한 사람과의 추억, 누군가에 대한 강렬한 동경, 이루고 싶은 꿈 등은 그것을 가진 사람이나 이어받는 사람이 있는 한 결코 사라지지 않습니다. 열망이 강하면 강할수록 마음 깊은 곳에 머물면서 누군가의 마음에 남거나 계승되겠지요. 형태가 없다고 해서 결코 약한 것은 아닙니다.

우부야시키는 사람의 마음이 영원하고 불멸하다고 했습니다. 대대로 귀살대를 이끌어오고, 그 뜻을 물려받은 마음이 남들보다 훨씬 강하기에 그런 말을 할 수 있는 것입니다. 또한 그 마음이 '주'들을 움직이게 하는 강력한 원동력이 된다는 사실을, 지금까지의 활동을 통해 실감한 것이겠지요. 그리고 그 마음이 쿄쥬로나 탄지로 같은 귀살대 후배들에게 이어진다는 것도 알고 있습니다. 일족이 대대로 단명하고, 자신도 위중한 병에 걸려 오래 살 수 없음을 알고 있기에 그런 결론에 도달할 수 있지 않았을까요?

　당신에게는 특별한 꿈이나 마음이 있나요? 만약 지금 이루고 싶은 꿈이나 전하고 싶은 특별한 마음이 있다면, 그것을 소중하게 키우시기 바랍니다. 비난받더라도 끝까지 포기하지 말고 지키시기 바랍니다.

　계속 키우고 지키면, 그 마음이 사라지는 일은 없습니다. 그리고 그것은 당신이 어려움이나 궁지에서 빠져나올 때 강력한 무기가 되어줄 것입니다.

34

잃고 또 잃어도
살아갈 수밖에 없어요.
아무리 절망의 끝자락에 있더라도.

카마도 탄지로 / 제13화 「네가」

소중한 사람을 잃은 너에게 하는 말

사라진 약혼녀를 찾는 남성을 만나 함께 그녀를 찾기로 한 탄지로. 약혼녀를 납치한 혈귀를 찾아서 쓰러뜨리지만, 그녀는 이미 혈귀에게 잡아먹힌 후였습니다. 탄지로는 "괜찮으세요?" 하고 남성을 걱정하지만, 남성은 "약혼녀를 잃었는데 괜찮을 리가 있겠어?"라고 차갑게 대꾸합니다. 이번 주제의 말은 혈귀에게서 약혼녀의 유품을 찾아와 남성에게 전해주며, 혈귀에게 살해된 자신의 가족 이야기를 건네는 탄지로가 한 말입니다.

어떤 목표를 향해 나아갈 때, 그곳까지 가는 길이 항상 똑바른 외길이라고는 할 수 없습니다. 도중에 예상치 못한 사건을 만나거나 강제로 방향을 바꿔야 하는 일도 있지요. 소중한 가족이나 친구, 또는 수많은 기회나 타이밍 등 인생 경험이 많은 사람일수록 지금까지 소중한 것을 많이 잃고, 그런 상황을 극복하면서 오늘에 이르렀을 것입니다.

당신은 지금까지 이런 어려움을 어떻게 극복했나요? 여러 가지 대답이 있을 수 있겠지만, 그중 하나는 **자신의 마음을 알아주는 사람이 있었기 때문**이 아닐까요?

그 사람은 가족일 수도 있고 친한 친구일 수도 있습니다.

선배나 선생님인 경우도 있겠지요. 그 사람들이 당신에게 해준 말과 행동, 위로가 당신을 분발하게 만들어 다시 일어나 걸어갈 수 있었을 것입니다.

탄지로는 과거에 소중한 가족을 잃고 깊은 절망에 빠졌습니다. 그때, 세상에 남겨진 자신이 무엇을 할 수 있을지 죽을힘을 다해 생각했을 것입니다. 그 덕분에 약혼녀를 잃은 남성의 마음을 이해하고 자신이 할 수 있는 일이 무엇인지 생각한 끝에, 약혼녀의 유품을 찾아내 남성에게 건네줄 수 있었겠지요. 이처럼 소중한 사람을 잃은 경험은 누군가를 구할 수 있습니다.

기나긴 인생길을 걸어오면서 많은 것을 잃거나 수도 없이 절망에 빠졌던 사람은 탄지로처럼 다른 사람의 마음을 이해해, 상대가 일어설 수 있도록 힘이 되어줄 수 있습니다. 상처 입은 사람의 마음을 이해하고 약한 자의 입장에 설 수 있으며 누군가를 지켜봐줄 수 있는 여유 있는 마음. 이런 마음을 한마디로 말하면 **포용력**입니다. 포용력을 가지고 있다는 것은 당신이 남들보다 한두 걸음 앞서서 걸어왔고, 그만큼 강해졌다는 증거입니다.

만약 주변에 어려움에 처한 사람이나 고민에 빠진 사람이 있다면, 수많은 경험을 통해 몸에 밴 포용력으로 상대를 살며시 감싸안아주십시오. 당신만이 할 수 있는 치료 방법에 그 사람의 상처는 어느새 나을 것입니다.

그리고 그 치료 덕분에 당신도 한 단계 성장할 수 있지 않을까요?

35

울지 마.
절망하지 마.
그딴 건 지금 할 일이 아니다.

토미오카 기유 / 제1화 「잔혹」

절망에 빠져서 앞을 바라보지 못하는 너에게 하는 말

혈귀에게 가족을 잃은 탄지로. 토미오카 기유를 만난 것은 가족 중 유일하게 살아남았지만 혈귀로 변한 여동생 네즈코와 싸우고 있을 때였습니다. 혈귀를 죽일 사명을 가진 기유는 네즈코를 베려고 하지만, 탄지로는 여동생을 지키기 위해 필사적으로 저항하면서 "제발 죽이지 말아주세요…"라고 애원합니다. 이번 주제의 말은 두려움에 떨며 자신을 공격하지 못하는 탄지로에게 분노를 느끼면서도, 탄지로의 마음에 공감하고 그를 격려하기 위해 기유가 한 말입니다.

당신이 최근에 절망한 때는 언제인가요? 조금 전일 수도 있고 얼마 전일 수도 있으며, 아득한 기억을 더듬어야 할 만큼 오래되었을 수도 있겠지요.

'학습된 무력감'이라는 현상이 있습니다. 스트레스를 받는 환경에 오랫동안 놓인 사람이나 동물이 그 상황에서 도망칠 노력조차 하지 않게 되는 것을 말합니다.

이처럼 사람이나 동물은 오랫동안 절망을 느끼면 무기력해집니다. 대부분은 어떤 원인 때문에 일시적으로 절망하는 경우가 많지만, 오랫동안 부정적인 감정을 껴안고 있으면 움직일 수 없을 만큼 커다란 절망에 휩싸이게 됩니다.

그렇다면 절망을 떨치고 일어서기 위해서는 어떻게 해야 할까요?

우선 마음을 다독여 지금 할 수 있는 행동을 해야 합니다. 절망이란 갑자기 생각지도 못한 일이 일어나서 긴급사태에 직면한 것을 말합니다. 그 상태에서 절망이 만든 어둠에 휘말리면 어디로 가야 좋을지 모르게 됩니다. 그러니 그럴 때는 가느다란 희망의 빛이라도 찾아서 어쨌든 움직이고 마구 발버둥 쳐야 합니다.

또 한 가지는, 그 괴로운 마음을 누군가에게 전하는 것입니다. 현실을 냉정하게 말해주는 사람이나 옆에 있어주는 사람… 당신 주변에는 그런 사람이 있나요?

절망의 늪에 빠져 있을 때는 "말도 걸지 말고 나를 잠시 그냥 내버려둬…"라고 생각하기 쉽습니다. 하지만 그런 때야말로 곧바로 냉정하고 침착하게 대응해나가야 합니다.

그런 상황에 직면했을 때 당신 옆에 "절망하지 마. 그딴 건 지금 할 일이 아니야"라고 냉정하게 말해주는 사람이 있으면 평정심을 되찾을 수 있을지도 모릅니다. 자신을 지켜보는 사람이 있다는 것만큼 마음 든든한 일은 없으니까요.

그리고 "괴로워서 소리치고 싶은 마음은 나도 이해해"라고 옆에서 다정하게 위로해주는 사람이 있으면, 가슴을 억누르던 괴로움을 조금이라도 내려놓게 돼 마음이 가벼워질지도 모릅니다.

만약 당신 곁에서 소중한 사람이 절망하고 있다면, 냉정하게 말해주는 사람과 다정하게 위로해주는 사람 중 어느 쪽이 그 사람에게 필요한지 생각해보십시오. 절망에 짓눌려 있는 사람에게 당신의 여유로움을 나눠주어서 절망을 가볍게 해주세요. 소중한 사람이 인간의 마음을 잃어버리고 혈귀가 되지 않도록.

36

호흡을 깊이 연마하면
여러 가지를 할 수 있게 되지.
뭐든지 할 수 있는 건 아니지만
어제의 나보다는
확실히 강해진 내가 될 수 있다.

렌고쿠 쿄쥬로 / 제62화 「악몽으로 끝나다」

무언가를 연마하고 싶어 하는 너에게 하는 말

하현 1 엔무는 기차에 올라탄 탄지로 일행을 꿈속에 빠트려 죽이려고 합니다. 탄지로는 꿈에서 깨어나 엔무의 목을 베었지만, 아무런 효과가 없었습니다. 그리고 기차의 승객과 동료를 지키기 위해 이노스케, 네즈코, 쿄쥬로와 함께 분투하던 중에, 각성한 승객의 칼에 찔려 쓰러지게 됩니다. 이번 주제의 말은 배를 찔린 탄지로가 밤하늘을 올려다보며 호흡을 가다듬고 있을 때, 쿄쥬로가 호흡법을 조언해주면서 한 말입니다.

당신은 호흡을 깊이 연마한 적이 있습니까? 요가나 명상, 운동을 통해 호흡을 배운 적이 있는 사람은 호흡이 얼마나 중요한지 알고 있습니다.

너무나 당연해서 실감이 나지 않을지도 모르겠지만, 사람을 포함한 동물과 식물은 모두 호흡을 하고 있습니다. 그리고 호흡은 모든 생명이 살아가는 데 꼭 필요한 행위입니다.

인간은 아무것도 먹고 마시지 않아도 며칠은 살 수 있지만, 숨을 쉬지 않으면 불과 몇 분 만에 목숨을 잃게 됩니다. 해녀들처럼 단련했다고 해도 숨을 쉬지 않고 견딜 수 있는 시간에는 한계가 있습니다. 그만큼 호흡은 인간의 삶에서 근본이 되는 중요한 요소입니다.

그렇다면 인간의 삶과 죽음을 가르는 호흡을 연마한다는 것은 무엇을 의미할까요? 바로 인간의 근본을 지탱하는 힘을 극한까지 연마하는 것, 집중을 멈추지 않고 최고의 영역에 도달해 눈앞의 벽을 돌파하는 힘을 습득하는 것이 아닐까요?

호흡 방식이나 기술을 사용한 훈련법을 호흡법이라고 합니다. 호흡법의 목적은 몸의 기능을 향상시키고 마음의 작용을 활발하게 만들며 마음을 침착하게 가라앉히는 것입니다. 호흡을 깊게 하면 자율 신경이 안정되기 때문에 몸뿐만 아니라 뇌나 마음에까지 좋은 영향을 줄 수 있습니다.

그중 단전호흡법은 배꼽 아래로 9센티미터쯤 되는 곳에 있는 혈자리인 단전에 힘을 주며 하는 호흡법입니다. 이 호흡법을 연마하면 뇌파가 알파파로 바뀌어 몸과 마음이 편안해진 채 집중 상태로 들어갈 수 있다고 합니다.

쿄쥬로의 말처럼 호흡을 연마한다고 무엇이든 할 수 있는 것은 아니겠지요. 하지만 호흡을 연마하면 여러 가지 이점이 있는 것은 사실입니다. 그리고 어제의 나보다 확실히 강한 내가 될 수 있다면, 시도해볼 가치가 있지 않을까요?

힘든 상황에 처해서 마음이 흐트러졌을 때는 모든 신경을 호흡에 집중한 다음 숨을 쉬어보십시오. 그러면 흥분되었던 마음이 가라앉고 머리도 맑아지며, 문제를 해결할 방법도 떠올릴 수 있을 테니까요.

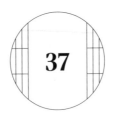

37

죽도록 단련해야 해.
결국 할 수 있는 건
그것밖에 없어.

마코모 / 제5화 「탄지로 일기·후편」

흔들림 없이 강해지기를 원하는 너에게 하는 말

최종 선별에 가기 위해 전 수주(水柱)이자 탄지로의 스승인 우로코다키 사콘지가 탄지로에게 내린 과제는 커다란 바위를 칼로 베는 것이었습니다. 반년이 지나도 바위를 베지 못해 망연자실하고 있을 때, 사비토와 마코모라는 고아 두 명이 나타납니다. 탄지로의 지도를 맡은 마코모는 그를 강하게 만들기 위해 여러 가지 조언을 합니다. 그런데 "전집중 호흡을 하면 인간의 상태로 혈귀처럼 강해질 수 있다"라는 비결을 들어도, 탄지로는 그 말의 뜻을 이해할 수 없었습니다. 이번 주제의 말은 그런 상황에서 마코모가 탄지로에게 한 말입니다.

지금 실력으로는 뛰어넘을 수 없는 높은 벽이 있을 때, 당신은 그 벽을 어떻게 뛰어넘어 극복하나요?

운동이든 학문이든, 누군가와 같은 시기에 시작해 처음에는 "이길 수 있다!"라고 생각했는데, 시간이 지나면서 점점 차이가 벌어져 따라갈 수 없었던 경험은 누구에게나 있을 것입니다. 또한 승부를 내기 전의 기세가 강하면 강할수록 패배했을 때의 실망은 더욱 클 수밖에 없겠지요.

물론 타고난 능력의 차이로 이기기 힘든 경우도 있습니다. "저 사람처럼 그림에 재능이 있었다면 화가가 될 수 있었을 텐데" "저 사람처럼 머리가 좋았다면 성공할 수 있었을 텐데"라고 자신의 무능력함을 한탄하는 일도 있겠지요.

하지만 그런 차이가 있다고 해서 목표를 이룰 수 없는 것은 아닙니다. **어떤 승부든, 정말로 싸워야 할 상대는 '자기 자신'이기 때문입니다.**

'당연하다'의 기준을 조금씩 넓혀가면 우리가 할 수 있는 일은 더욱 많아집니다. 시간이 지나면서 한계가 늘어나면 할 수 있는 일도 늘어나고, 그만큼 목표에 가까이 다가갈 수 있는 것입니다.

단, 높은 목표에만 사로잡혀 있으면 발밑에 있는 계단을 알아차리지 못해 넘어질 수도 있습니다. 계단이 높으면 좌절한 만큼 큰 부상을 입는 일도 있겠지요.

또한 높은 목표에 대해서 "나도 할 수 있어! 나라면 할 수 있어!"라는 생각만으로는 자신의 의지대로 몸을 움직일 수 없습니다. 뇌에서 완벽한 지시가 내려와도, 그것을 어디에 전달할지 판단해 신속하게 전하지 않으면 몸을 마음대로 움직일 수 없기 때문입니다.

　중요한 것은 지금 자신의 상태를 아는 것입니다. 자신의 몸 상태를 파악한 다음 신경과 의식을 손끝, 발끝, 온몸 구석구석까지 골고루 가게 해야만 비로소 생각과 현실이 일치하게 됩니다.

　필요한 모든 신경을 집중해서 호흡을 가다듬고 '검사의 얼굴'이 되었을 때, 우리는 비로소 목표에 도달할 수 있습니다. 마코모는 그 경지에 도달하기 위해서는 이를 악물고 착실하게 단련하는 것 말고는 지름길이 없다는 사실을 탄지로에게 가르쳐준 게 아닐까요?

38

늙는 것도 죽는 것도
인간이라는 덧없는 생물의
아름다운 모습이다.
늙기 때문에, 죽기 때문에
더없이 사랑스럽고 고귀한 거다.
강하다는 건 비단 육체에 한해서만
쓰는 말이 아니다.

렌고쿠 쿄쥬로 / 제63화 「아카자」

나이 드는 것을 두려워하는 너에게 하는 말

치열한 격투 끝에 가까스로 하현 1 엔무를 쓰러뜨린 탄지로 일행. 쿄쥬로는 큰 부상을 입은 탄지로에게 호흡법을 이용한 지혈법을 가르쳐줍니다. 겨우 피가 멈춰 안심하던 중에, 갑자기 상현 3 아카자가 나타납니다. 쿄쥬로는 탄지로를 공격하려는 아카자의 팔을 베어 탄지로를 위기에서 구해냅니다. 아카자는 쿄쥬로의 힘을 인정하고 혈귀가 되라고 권하지만, 쿄쥬로는 단호하게 거절합니다. 이번 주제의 말은 아카자가 "인간이기 때문이다. 늙기 때문이다. 죽기 때문이다"라며 인간이 최고 영역에 도달할 수 없는 이유를 말했을 때, 쿄쥬로가 되받아친 말입니다.

누구나 나이를 먹으면 늙습니다. 그렇다면 이 늙는다는 말에는 어떤 이미지가 담겨 있을까요?

지금까지 할 수 있었던 일이 점점 어려워지는 것에 대한 실망감. 검버섯이나 주름이 늘고 피부 탄력이 줄어드는 것에 대한 안타까움. 많은 사람이 늙음을 슬픔이나 수치스러움으로 받아들이곤 합니다. 하지만 그런 반응은 우리가 잃어버린 것에만 눈길을 주고 있기 때문이 아닐까요?

늙음은 단지 젊음을 잃어버리는 일도 아니고, 슬프거나 수치스러운 일도 아닙니다.

실제로 나이 드신 분들에게 지금의 감정을 물어보면, 슬픔이나 불안만을 이야기하지는 않습니다. 오히려 젊었을 때보다 기쁨을 느끼는 사람도 많습니다.

그런 분들의 공통점은 무엇일까요? 바로 '고맙다'는 감사의 마음을 가지고 사는 것입니다. 나이가 들어 할 수 없는 일이 늘어나면 다른 사람에게 도움을 받는 일이 많아집니다. 당연한 일을 당연하게 할 수 없을 때에야 비로소 이 세상의 모든 사람이 누군가의 도움을 받으며 살고 있다는 사실을 깨닫게 됩니다.

만약 감사한 마음이 싹트지 않는다면, 그것은 남의 도움을 당연하게 여기기 때문이 아닐까요? 부모가 자식을 키워주는 것은 당연하다, 일에서 동료의 도움을 받는 것은 당연하다, 이런 식으로 어떤 일에 당연하다는 마음을 가지면 감사하는 마음은 싹트기도 전에 사라지고 맙니다.

'살아 있는 것은 당연한 일이 아니다'라는 의식을 가지고 하루하루를 살게 되면 지금까지 보이지 않았던 남들의 배려나 건강의 고마움을 실감하게 됩니다. 누구에게나 약점이나 한계가 있음을 받아들이면 주변 사람에게도 다정하게 대하게 되고, 변화를 두려워하지 않게 되지 않을까요? 이런 것이 쿄쥬로가 보여준 '육체 이외의 강인한 힘'으로 이어진다고 생각합니다.

인간은 언젠가 죽음을 맞이합니다. 어느 누구도 피할 수 없습니다. 최후의 날이 언제 올지는 아무도 모르니까요.

그러니 한순간, 한순간을 고마워하며 살아갑시다. 그러면 아무 일 없이 평범하게 끝난 하루를 '더없이 사랑스럽고 고귀한 하루'로 느낄 수 있을 테니까요.

제5장

동료를
생각한다

39

자신이 혈귀임을 괴로워하고
지금까지 저지른 짓을 후회하는 자를
짓밟진 않을 거예요.
혈귀는 원래 인간이었으니까.
나랑 똑같은 인간이었으니까.

카마도 탄지로 / 제43화「지옥으로」

누군가를 비난하고 싶은 너에게 하는 말

토미오카 기유의 제11형 '잔잔한 물결'에 당해 목이 잘린 하현 5 루이. 그는 이 세상에서 사라지면서 가족과의 추억을 회상합니다. 그리고 자신을 소중히 키우지 않았다고 생각했던 부모님이 누구보다 자신을 사랑하고 최선을 다해 돌봐주었음을 깨닫습니다.

자신의 잘못으로 부모님을 죽게 만든 일에 대한 후회는 혈귀가 된 이후에도 계속 루이의 마음속에 남아 있었습니다. 이번 주제의 말은 기유가 "사람을 잡아먹은 혈귀를 동정하지 마"라고 탄지로를 나무랐을 때, 루이의 슬픔을 느낀 탄지로가 한 말입니다.

당신은 자신도 모르게 남을 비난하거나 상대를 공격한 적이 없나요? 아직 그런 사람을 만난 적이 없었다 하더라도, 앞으로 그런 사람을 만난다면 당연히 스트레스를 받게 됩니다.

우리는 사람인 이상, 순간 발끈해서 화를 낼 수도 있습니다. 언제까지나 성장하지 않는 사람을 보고 있으면 조바심이 나서 한마디 해주고 싶거나, 공격적인 상대에게는 무심코 반발하게 되는 법이니까요. 신이나 부처님처럼 그림으로 그린 듯 너그러운 사람은 이 세상에 없지 않을까요?

거울의 법칙을 아시나요? "우리 삶에 나타나는 현실은 우리의 마음속을 비추는 거울이다"라는 것입니다. 내가 불쾌한 표정을 지으면 상대도 불쾌해지는 것처럼, 당신이 상대를 혈귀로 대하면 상대도 당신을 혈귀로 대하게 됩니다. 즉, 모든 일의 원인은 자신에게 있습니다. 상대를 어떻게 대하느냐에 따라 자신의 세계는 좋아지기도 하고 나빠지기도 합니다.

누군가에게 조바심이 나거나 비난하고 싶어지는 자신과 이별하고, 상대를 혈귀가 아니라 인간으로 대하려면 어떻게 하는 것이 좋을까요? 가장 좋은 방법은 **과거의 미숙했던 자신을 되돌아보는 것**입니다. 당신도 예전에는 유치하고 미숙했었지만, 조금씩 노력을 거듭해서 겨우 지금의 자리에 올라왔을 것입니다. 사람은 오랜 시간에 걸쳐 조금씩 성장하는 법이니까요.

내 감정을 마구 휘저으며 어지럽히는 사람이 있다고 해도, 그는 원래 혈귀도 아니고 평생 성장 가능성이 없는 인생의 탈락자도 아닙니다. 당신 주변에 있는 소중한 동료와 똑같은 사람입니다. 그는 일이 잘 풀리지 않아 고민하고 있을지도 모르고, 좋은 결과가 나오지 않아 조바심이 났을지도 모릅니다.

겉으로 드러나는 모습이 그 사람의 전부는 아닙니다.

상대에게 다정하게 대하는 것은 과거의 미숙했던 자신을 받아들이는 것이다. 그렇게 생각하고 사람을 대하면 어떨까요? 탄지로처럼 누구에게나 다정한 마음으로 대하면 나도 상대도 행복해질 수 있지 않을까요?

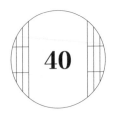

40

동료를 버리고 도망칠 순 없어.
동료를 위해 목숨을 건 것에
후회 따윈 없어.

토키토 무이치로 / 제179화 「형을 사랑하고, 동생을 사랑하고」

남을 위해 한 일을 비난받은 너에게 하는 말

상현 1 코쿠시보를 가까스로 쓰러뜨렸지만, 귀살대 '주'인 시나즈가와 사네미와 토키토 무이치로는 큰 부상을 입게 됩니다. 같은 '주' 히메지마 교메이는 의식이 몽롱한 무이치로의 눈가에 손을 대고, "내 기필코 무잔을 쓰러뜨리고 그리로 가마. 안심하고 잠들어라"라고 작별을 고합니다. 현생에서 의식이 멀어진 무이치로는 세상을 떠난 형을 만나지만, 형은 "이쪽으로 오지 마. 돌아가!!" "싸움에서 도망쳤으면 좋았을 텐데"라고 말합니다.

이번 주제의 말은 서로를 사랑하는 형제가 마침내 속마음을 내보이며 대화했을 때 한 말입니다.

당신은 오랫동안 만나온 친구나 애인, 동료와 어떤 일을 계기로 소원해진 적이 있나요?

'반동(反動)'이라는 말이 있습니다. 문자 그대로 '어떤 작용에 대하여 그 반대로 작용함'을 뜻합니다. 사람의 감정도 반동이 강해질 때가 있습니다. 예를 들어, 사랑의 정도가 100일 때와 10일 때에는 반동의 크기가 다릅니다. 사랑하는 마음이 강할수록, 편애가 클수록 싫어하게 되었을 때의 감정도 커지는 것입니다.

소중한 사람이나 동료가 약속을 깨뜨렸다, 상대를 위해 말했는데 그 마음을 알아주지 않는다, 나와 생각이 다르다는 걸 알고 있었지만 어느새 부정적인 마음이 커져서 혐오하게 되었다, 와 같은 감정을 느낀 적이 있을지도 모릅니다.

하지만 이럴 때 **감정에 휩싸여 상대와의 관계를 끊어버리면 나중에 크게 후회하게 됩니다.** 중요한 것은 무이치로처럼 냉정하게, 상대가 자신을 얼마나 소중히 여기는지 깨닫고 행동하는 것입니다.

이는 결코 감정을 배제하고 논리적으로 살라는 말이 아닙니다. 작은 감정이 폭주한 탓에 소중한 무언가를 잃어버리는 것은 너무나 안타까운 일입니다. 그러니 감정이 가슴까지 차올랐을 때는 결정을 뒤로 미루고, 잠시 숨을 가다듬으며 마음을 가라앉혀봅시다.

소중한 것을 잃어버렸을 때 치러야 하는 대가 중 가장 큰 것은 시간입니다. 한번 소원해진 관계를 회복하기 위해서는 많은 시간이 필요하기 때문이죠. 물론 오랜 시간이 흘러 마음이 가라앉아 다시 상대와 우정을 나누고 싶을 때, 상대가 그것을 받아주면 관계가 회복될 수 있습니다.

그러나 그렇게 관계가 개선되어 그때부터 많은 시간을 다시 함께할 수 있다고 해도, 그동안 잃어버린 시간을 메울 수는 없습니다. 더구나 그 나이와 그 시대는 한 번밖에 없습니다. 십대나 이십대의 시간과 육십대, 칠십대의 시간이 다르듯 시간의 무게는 나이와 상황에 따라 다를 수밖에 없습니다. 무엇보다 관계를 개선하지 못한 채 어느 한쪽이 이 세상에서 사라지는 일도 생깁니다.

외톨이가 되었을 때나 힘들고 괴로운 일이 있었을 때 옆에서 지켜봐준 동료. 기쁨과 행복을 공유한 동료. 그런 동료와의 관계를 쉽게 끊지 않도록 부정적인 감정이 생기려고 할 때는 마음을 가다듬고 냉정한 자세를 유지하시기 바랍니다.

소중한 이가 환하게 웃으며
천수를 누리는 그날까지
행복하게 살 수 있도록
그 목숨이 결코 부조리하게
위협당하는 일이 없기를 바라나니.
설령 그때 내가 살아서
그 사람 곁에 있을 수 없다 해도
그가 살아 있기를 바라나니.
끝까지 살아주길 바라나니.

쿠메노 마사치카 / 제168화 「백세불마(百世不磨)」

외톨이라고 생각하는 너에게 하는 말

귀살대 '주' 시나즈가와 사네미는 처음으로 주합 회의에 참석했을 때, 무술을 할 수 없는데도 귀살대의 우두머리가 된 우부야시키에게 분노를 느끼고 대듭니다.

"팔자 한번 좋군. 이봐, 당신 말이야."

그런데 우부야시키는 그에게 자신도 '쓰고 버리는 졸'이고 "설령 내가 죽더라도 아무것도 달라지지 않아"라고 말합니다. 그리고 시나즈가와 사네미에게 동료의 유서를 줍니다. 세상을 떠난 동료인 쿠메노 마사치카가 자신의 죽은 남동생과 그를 겹쳐 보았다는 말과 함께 말이죠. 이번 주제의 말은 그 유서에 쓰여 있던 말입니다.

당신이 가장 사랑하는 사람은 누구인가요? 같이 사는 가족인가요? 오랫동안 만나온 친구나 애인인가요? 어쩌면 이미 이 세상에 없는 사람일지도 모릅니다.

당신에게는 가장 사랑하는 그 사람을 포함해 소중한 사람과 특별한 사람이 많이 있을 것입니다. 그런 사람과는 되도록 오래 같이 지내면서 즐거운 시간을 보내고, 행복한 추억도 만들며 앞으로도 계속 함께하고 싶겠지요.

다쳤다는 말을 들으면 누구보다 걱정하고, 큰 병에 걸렸다는 말을 들으면 조금이라도 빨리 회복되기를 바라며, 마음에 고통이 있다는 말을 들으면 어떻게든 도움이 될 수 없는지 알아볼 것입니다. 또한 그 사람이 부조리한 일을 당하면 분노가 솟구치고, 그 사람이 항상 웃으면서 행복하게 살고 괴로운 일 없이 천수를 누리기를 바라겠지요.

하지만 모든 사람에게는 정해진 수명이 있습니다. 모두가 언젠가 죽음을 맞이합니다. 사랑하는 사람이 먼저 세상을 떠나 헤어지는 일도 있고, 자신이 먼저 세상을 떠나 곁에 있어 줄 수 없는 일도 있습니다. 아무리 간절하게 바라고 애타게 기도해도, 영원히 같이 있겠다는 바람은 이루어지지 않습니다.

그렇기 때문에 잊지 말아야 합니다. **당신이 그 사람을 간절히 생각하는 것처럼 그 사람도 당신의 행복을 애타게 바라고 있다는 것을요.** 멀리 떨어져서 만날 수 없을지라도 당신의 마음을 받아들이고, 그보다 더 간절한 마음으로 당신을 지켜주고 있을 것입니다. 즉, 당신은 누군가의 살아갈 이유입니다.

"설령 네가 할 수 없어도 다른 누군가가 반드시 이어받을 거야. 그러니까 다음 대에 이어지기 위해 어떻게든 노력해야

해"라고 탄지로가 말한 것처럼, 당신이 가장 사랑하는 사람은
최후의 순간까지 당신을 행복하게 하기 위해 노력하겠지요.

그러니 당신도 가장 사랑하는 사람의 마음속에 영원히
존재할 수 있도록, 천수를 누리다 가는 그날까지 행복하게 살
아야 합니다. 당신에겐 그럴 의무가 있으니까요.

42

나는 내 책무를 다할 것이다!!
내가 있는 한
그 누구도 죽게 놔두지 않겠다!!

렌고쿠 쿄쥬로 / 제64화 「상현의 힘·주의 힘」

동료를 지키기로 결심한 너에게 하는 말

부상을 입은 탄지로와 이노스케, 젠이츠를 지키기 위해 상현 3 아카자와 치열한 사투를 벌이는 렌고쿠 쿄쥬로. 잇달아 기술을 쓰지만 거리가 멀어서 좀처럼 명중시킬 수 없습니다. 그래서 아카자에게 가까이 다가가 불꽃의 호흡 제5형 '파괴살, 난식 염호'를 썼으나, 둘의 힘의 차이가 뚜렷해 왼쪽 눈과 늑골, 내장이 다칠 만큼 심각한 부상을 입게 됩니다. 이번 주제의 말은 "아무리 발버둥 쳐도 인간은 혈귀를 이길 수 없다"라는 말을 듣고도 투지를 불태우며 아카자에게 되받아친 쿄쥬로의 말입니다.

사람은 모두 가정과 직장에서 몇몇 임무를 맡아 행하고 있습니다. 당신의 임무는 무엇인가요? 당신은 왜 그 일을 맡기로 결정했나요?

스스로 맡은 임무도 있고, 어떤 계기로 맡은 임무도 있으며, 강제로 떠맡은 임무도 있겠지요. 맡은 임무가 크면 클수록, 그 책임은 당신을 압박할 것입니다. 하지만 그 크기와 무게는 당신이 어떻게 생각하느냐에 따라 달라집니다.

자신은 큰 임무라고 생각해도 남들의 눈에는 작아 보일

수도 있고, 자신은 작은 임무라고 생각해도 남들 눈에는 크게 보일 수도 있습니다. 중요한 것은 임무의 크기가 아니라 **하나 하나의 임무를 대하는 자신의 행동입니다.** 누구를 위해 임무를 어떻게 바라보고 어떻게 행동하느냐와 같이 행동의 내용이 중요하지, 임무의 크기는 전혀 중요하지 않습니다.

쿄쥬로는 탄지로 일행을 지키는 것이 자신의 임무라고 생각했습니다. 그것을 충분히 알았기에 최악의 상태에 처했는데도 스스로 적에게 다가가 혼신의 일격을 가할 수 있었습니다. 여기에서 알 수 있듯, 누군가를 지키고 싶어 하는 마음에서는 상상을 초월하는 힘이 생겨나는 법입니다.

가끔은 임무가 너무 무겁게 느껴져 누군가에게 한탄하고 싶을 때도 있고, 할 수만 있다면 임무를 내던지고 싶을 때도 있겠지요. 자원한 경우에도 그럴 때가 있는 만큼, 자신의 의지가 아니라 누군가에 의해 떠맡은 것이라면 더욱 그렇지 않을까요?

그런 경우에도 그저 한탄하지만 말고 내가 맡게 된 이 임무는 누구를 위해서 하는 것인지, 어떤 식으로 임무를 완수하는 것이 옳은 일인지, 그 이유와 방법을 철저하게 생각해보면 어떨까요?

자신의 행동에 대한 이유를 깨달으면, 분명 앞으로 한 걸음 내딛을 힘이 생길 테니까요.

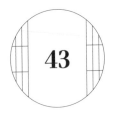

43

같이 싸우자.
같이 생각하자.
이 혈귀를 쓰러뜨리기 위해
같이 힘을 합치자.

카마도 탄지로 / 제31화 「자신이 아닌 누군가를 앞으로」

혼자 어려움에 맞서는 너에게 하는 말

하현 5 루이와의 싸움에서 목이 없는 혈귀가 나타나자 탄지로와 이노스케는 그를 대각선으로 베어서 쓰러뜨리려고 합니다. 그런데 이노스케가 같이 싸우려는 탄지로를 기다리지 않고 혼자 튀어나갔다가 부상을 당합니다. 거미의 실에 걸려 옴싹달싹못하게 되어 하마터면 베일 뻔한 순간, 탄지로가 그를 구해주러 나타납니다. 이번 주제의 말은 둘이 힘을 합쳐 싸우지 않으면 이길 수 없다는 걸 알아차린 탄지로가 이노스케에게 한 말입니다.

당신은 어려움을 맞닥뜨려 해결책이 보이지 않을 때 어떻게 하나요? 누군가에게 의논하는 일이 많은가요? 아니면 스스로 해답을 찾는 일이 많은가요? 아마 되도록 스스로 해결하려 고군분투하는 경우가 많을 것입니다.

물론 혼자 싸우는 것은 나쁜 일이 아닙니다. 혼자 해결하려 이것저것 궁리하면 생각하는 힘이 단련되고, 무엇보다 스스로 선 사람이 될 수 있습니다. 하지만 문제를 혼자 모두 껴안으면 그로 인해 오랫동안 괴로워하게 될 수도 있습니다. 한곳에 닿는 빛이 강할수록 그림자가 짙어지는 것처럼, 혼자 고민을 껴안을수록 스스로에게 가중되는 부담은 점점 커질 수밖에 없으니까요.

　일본 사회는 개인보다 전체를 중시해서, 어떤 집단에 있더라도 자신에게 주어진 처지와 역할을 준수하고 완수할 것을 요구합니다. 그때 개인의 사정은 무조건 배제됩니다.

　그 결과, 상대에게 먼저 도움을 청하거나 자기 생각을 솔직히 전하는 것을 전체의 통제를 흐트러뜨리는 이기적인 행동으로 간주합니다. 반면에 남의 도움을 받지 않고 혼자 제 역할을 완수하는 것은 책임감 있는 행동이라고 찬사를 받습니다. 이런 풍조가 지금까지 이어져오는 상황이 일본 사회의 현실이지요.

　하지만 지금은 물건이 넘치고 새로운 정보가 끊임없이 퍼져나가는, 변화가 많은 시대입니다. 앞으로는 한 사람 한 사람이 각각 필요에 따라 도움을 받지 않으면 승리하기는커녕 살아남을 수조차 없게 될 것입니다.

　기억을 돌이켜보십시오. 마지막으로 동료와 하나가 되어 같은 목적을 향해 나아간 때가 언제였는지, 그때 상대에게 어떤 말을 들었는지요. 결과가 어떻든, 당신과 함께 힘을 합친 동료는 지금도 무엇과도 바꿀 수 없는 소중한 사람이라고 자랑할 수 있을 것입니다.

그러니 해결하기 힘든 문제에 부딪히면 망설이지 말고 동료와 힘을 합치시기 바랍니다. 혼자 도전하는 것보다 누군가와 힘을 합치면 더욱 빨리 앞으로 나아갈 수 있으니까요.

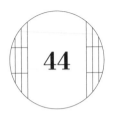

44

누군가를 위해 목숨을 걸면
내가 조금이라도
'괜찮은 존재'가 될 것 같았다.

이구로 오바나이 / 제188화 「비통한 연정」

자신을 차가운 사람이라고 생각하는 너에게 하는 말

키부츠지 무잔과의 싸움에서 부상을 입은 귀살대 '주' 칸로지 미츠리를 구해내 치료를 부탁하고, 전선으로 돌아가는 이구로 오바나이. 그는 자기 일족이 욕심 많고 심각한 허세꾼임을 수치스럽게 여기고, "쓰레기 일족으로 태어난 나 또한 쓰레기다"라고 말하며 갈 곳 없는 분노를 전부 혈귀에게 쏟습니다. 이번 주제의 말은 그런 오바나이가 자신을 조금 받아들일 수 있었을 때 생각했던 마음의 목소리입니다.

남들에게서 고맙다는 말을 듣고 기쁘지 않은 사람은 없겠지요. 자신은 쉽게 할 수 있는 일일지라도, 누군가가 곤경에 빠진 상황에서 곧바로 행동에 나서는 것은 매우 훌륭한 일입니다. 마음이 따뜻한 사람이기에 그렇게 할 수 있는 것이지요.

한편, 머릿속이 자기 일로 가득해서 남을 배려할 여유가 없거나 오지랖이라고 생각할까 봐 도움의 손길을 내밀지 못하는 등, 남을 도와주는 것에 소극적인 사람도 많습니다. 개중에는 오바나이처럼 자신을 받아들이지 못한 채 앞으로 걸음을 내딛지 못하는 사람도 있을 것입니다.

사람이 많으면 그만큼 곤경에 처한 사람도 많을 것입니

다. 그런데 우리는 왜 주변에 사람이 이렇게 많은데도 서로 돕지 않고 고립을 선택하는 걸까요? 왜 우리 사회에는 남을 위해 행동하는 사람이 많지 않은 걸까요?

그것은 **누군가를 위해 최선을 다하는 것이 얼마나 기쁜 일인지, 누군가가 진심으로 좋아해주는 것이 얼마나 행복한 일인지 알 기회가 적기 때문**이 아닐까요? 누군가를 위해 열심히 행동하면 상대도 그에 반응합니다. 그리고 그 행동이 누군가에게 도움이 된다는 걸 알면 자신의 존재 의의를 알 수 있습니다.

"도와줘서 고마워."

"당신의 조언이 큰 도움이 됐어."

"친절하게 말씀해주셔서 고맙습니다."

남을 도와주고 이런 말을 들은 사람은 자신이 태어난 이유를 깨닫고, 이 사회에서 자신이 어떤 역할을 해야 할지 알게 됩니다. 바로 긍정적인 역할입니다. 자신을 '괜찮은 존재'로 인식하는 것이죠. 결국, 남을 도와주는 일은 곧 자신을 도와주는 일입니다.

우리가 오바나이처럼 목숨을 걸면서까지 남을 위해서 행

동하는 일은 거의 없겠지요. 또한 상대가 기뻐하는 모습을 보고 싶다거나 감사의 말을 듣고 싶다는 목적으로 행동하면, 자신이 원했던 반응을 얻지 못했을 때 부정적인 생각을 가지게 되기도 합니다.

　하지만 누군가에게 도움이 되는 일을 찾았다면, 잠시도 망설이지 말고 행동해보십시오. 그러면 분명히 당신의 마음에도 행복과 편안함이 깃들 테니까요.

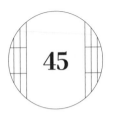

45

가족이든 동료든
강한 인연으로 맺어져 있다면
다 똑같이 고귀한 거야.
같은 핏줄이 아니면 얄팍한 관계라니,
결코 그렇지 않아!!

카마도 탄지로 / 제36화 「이건 위험한데」

소중한 사람과의 관계를 부정당한 너에게 하는 말

하현 5 루이의 아버지에게 습격당한 이노스케를 구하기 위해 상대와 맞서 싸우지만, 물의 호흡 제10형이 자신에게 되돌아오며 날아가버린 탄지로. 그는 땅에 착지한 순간, 루이가 자기 누나를 공격하는 것을 목격합니다. 누나의 얼굴에 상처를 내면서 "뭘 봐? 구경거리 아니거든"이라고 탄지로를 향해 차갑고 냉혹하게 말하는 루이. "(누나는) 네 동료잖아!!"라고 말하는 탄지로에게 루이는 "동료? 그런 얄팍한 관계와 똑같이 취급하지 마. 우린 가족이야. 강한 인연으로 이어져 있지"라고 비아냥거리며 되받아칩니다. 이번 주제의 말은 그런 루이에게 탄지로가 한 말입니다.

'강한 인연'이라는 말을 들으면 당신은 누구를 떠올리나요? 가족이나 연인인가요? 아니면 동료나 선후배인가요? 강한 인연으로 맺어진 그 사람과 당신 사이에는 분명히 깊은 신뢰 관계가 있고, 서로를 고귀한 존재로 인정하고 있겠지요.

과거에는 세상에서 제일 강한 인연이 '같은 핏줄'이라고 생각했습니다. 물론 지금도 강한 인연임에는 변함이 없지만, 세상에서 제일 강하냐고 묻는다면 반드시 그렇지는 않은 것

같습니다. 과거에 비해 개인주의적인 성향이 강해지고 사회적인 가치관이 다양해지는 등 이런저런 이유가 있겠지요. 확실하게 말할 수 있는 것은, **피가 이어지지 않아도 혈연을 뛰어넘는 강한 인연을 만들 수 있다**는 것입니다.

먼 친척보다 가까운 이웃사촌이 낫다는 말이 있듯이, 생판 모르는 사람이라도 가까이에 있는 사람이 멀리 있는 가족보다 오히려 힘이 되어주는 일도 있습니다. 이 세상에는 피가 이어졌어도 뛰어넘을 수 없는 것이 많으니까요.

또한 오히려 피가 이어져 있기 때문에 부탁을 들어줄 수 없을 때도 있고, 호적처럼 표면에 나타나는 것보다 더 잠재적인 부분에 소중한 것이나 사물의 본질이 숨어 있는 경우도 있습니다.

누군가가 당신과 당신이 소중히 여기는 사람과의 관계를 부정한다고 가정합시다. 그 누군가는 두 사람이 그동안 쌓아올린 깊은 인연이나 가치를 몰라서 그렇게 말하는 것입니다. 사람은 기본적으로 표면적인 것이나 자신이 보는 범위 안에서 생각하기 쉬우니까요.

　물론 키부츠지 무잔처럼 혈귀가 외모를 인간처럼 바꾸고 숨어 있는 경우도 있습니다. 그래서 우리는 사람을 통해 본질을 간파하는 힘을 단련하면서 무엇이 진정으로 고귀한지를 끊임없이 탐구해야 합니다.

　탄지로가 신뢰의 냄새로 인연을 판단하는 것처럼, 당신도 신뢰할 수 있는 사람에게서 마음을 편안하게 만들어주는 냄새를 느낄 수 있습니다. 그것이 바로 진정한 인연이겠지요. 본질을 간파하는 힘을 단련하면, 탄지로처럼 신뢰할 수 있는 동료와 이어질 수 있습니다.

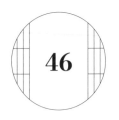

46

많이 고마워.
많이 미안해.
절대 잊지 않을게.
그 어떤 순간에도
마음만은 모두의 곁에 있어.
그러니 부디 용서해줘.

카마도 탄지로 / 제57화 「칼날을 들어라」

잊을 수 없는 사람이 있는 너에게 하는 말

무한열차에서 하현 1 엔무에 의해 잠이 든 탄지로. 네즈코 덕분에 잠에서 깨어나 현실로 돌아왔지만 꿈에서 완전히 빠져나올 수는 없었습니다. 그는 꿈속에서 혈귀에게 살해된 어머니와 동생들, 혈귀가 되기 전의 네즈코를 만납니다. 의식이 꿈과 현실 사이에 계속 교차하는 가운데, 탄지로는 가족과 함께 있는 공간에서 빠져나오려고 하지만, 꿈속의 가족은 그에게 가지 말라고 애원합니다. 이번 주제의 말은 탄지로가 눈물을 흘리면서 가족과 작별하기로 결심했을 때 한 말입니다.

하루 종일 생각하는 것은 아니지만, 잠재의식 속에서 늘 당신과 이어져 있는 사람, 그 어떤 때라도 마음속에서 늘 곁에 있어주는 사람이 당신에게도 있을 것입니다. 당연히 잊지 못하기 때문에 당신이라는 사람을 형성하는 중요한 부분이 되어 있겠지요. 아마 영혼의 일부라고 해도 되지 않을까요?

그런데 한편으로는 그 사람의 존재가 무거운 돌처럼 느껴지기도 할 것입니다. 특별한 존재지만, 마음의 한 귀퉁이에 걸려 기분이 맑아지지 않는 느낌이 들 수도 있습니다. 그것은 당신이 무언가를 제대로 전하지 못한 채, 또는 상대에게서 제대로 듣지 못한 채 그 사람과 떨어졌기 때문이 아닐까요?

당신이 "미안해" "고마워"라는 말을 가장 많이 하고 싶은 사람은 누구인가요? 그리고 당신에게 "미안해" "고마워"라는 말을 가장 많이 해주는 사람은 누구인가요?

어쩌면 세상을 떠난 가족일 수도 있고 헤어진 연인일 수도 있으며, 학창 시절에 만났다가 싸운 채 멀어진 친구일 수도 있겠지요. 또는 당신과 오랜 시간을 함께 보낸 동료일 수도 있습니다.

그 사람이 곧바로 머릿속에 떠오르는 이유는 당신이 금방 꺼낼 수 있는 가장 가까운 기억 속에 그 사람을 넣어두었기 때문입니다. 지금은 그렇지 않더라도, 시간이 조금 흐르면 그 사람은 무엇과도 바꿀 수 없는 소중한 존재가 될지도 모릅니다. 어느 날, 지금까지 각각 떨어져 있던 '점'에 불과했던 기억들이 하나로 이어져서 커다란 존재가 된 것을 인식하게 될 수도 있겠지요.

자신에게 특별한 존재임을 깨달았는데 그 마음을 순순히 전하지 못했다면, 지금까지 느꼈던 고마운 마음과 함께 "미안해" "부디 용서해줘"라고 직접 말해보는 건 어떨까요? 그런 **마음은 되도록 빨리 전해야 합니다.**

계속 전하지 못했던 말을 전하고 나면, 자기 안에서 그 사람에 대한 것의 매듭을 지을 수 있고, 지금까지 느낀 적 없는 커다란 안도를 느끼게 될 것입니다.

47

나 대신에
당신이 노력해주고 있다고 생각하면
안심이 되니까.
마음이 편안해지니까.

코쵸우 시노부 / 제50화 「기능회복훈련·후편」

누군가에게 기대를 받고 있는 너에게 하는 말

코쵸우 시노부의 저택에서 기능회복훈련을 하는 탄지로, 젠이츠, 이노스케. 전집중 호흡을 익히기 위해 저택의 지붕 위에서 명상하는 탄지로에게 코쵸우 시노부가 찾아옵니다.

"우리를 왜 여기로 데려와주신 건가요?"

탄지로의 물음에 시노부는 "당신한테 내 꿈을 맡겨보려고"라고 본심을 털어놓습니다. 이번 주제의 말은 혈귀에게 언니를 잃은 분노가 머리끝까지 쌓였으면서도 언니가 부탁한, '얼굴에 미소가 끊이지 않고, 가여운 혈귀를 베지 않아도 되는 방법'을 찾다가 지쳐버린 시노부가 탄지로에게 한 말입니다.

저 사람에게 인정받고 싶다, 나를 돌아보게 만들고 싶다, 도움이 되고 싶다, 저 사람처럼 되고 싶다, 어떤 일을 해보고 싶다 등. 우리는 모두 수많은 꿈이나 목표를 가지고, 그를 향해 걸음을 내딛고 있습니다.

이때 혼자 노력하는 것보다 누군가와 함께하면 당신, 그리고 당신과 함께 걸어가는 사람, 그 주변에 있는 사람에게 커다란 힘이 됩니다. 동료의 존재 덕분에 얻을 수 있는 '나 혼자가 아니라는 감각'은 힘든 상황에 맞서기 위한 힘이 되고, 고독에 빠지는 것을 막아줍니다.

무언가에 도전하는 모습이나 무언가를 향해 노력하는 모습은 사람을 안심하게 하고 편하게 만들어주는 힘이 있습니다. 그리고 세상에는 동경하는 사람이나 목표를 향해 나아가는 도중에 만난 친구나 라이벌처럼, 자신에게 자극을 안겨주는 고마운 사람이 있습니다.

"저 사람처럼 되고 싶다."

"저 사람에게 칭찬을 받고 싶다."

"상대에게 지고 싶지 않다."

"반드시 이기고 싶다."

상대방에게 느끼는 이런 강렬한 마음은 사람을 움직이는 원동력이 됩니다.

또한 자신의 눈으로 본 그들의 모습은 기억으로 남아서, 항상 자신을 격려하고 기운을 북돋아줍니다. **목표를 향해 나아가다가 지쳐버렸을 때는 옆에서 계속 노력하는 동료의 모습을 떠올려보십시오.** 그리고 당신도 노력하고 있음을 주변에 전해주십시오.

그러면 지금까지 알아온 수많은 사람이 당신을 고독에서 구하고, 당신에게 힘을 안겨줄 것입니다. 당신 또한 그들에게 그런 존재가 될 수 있습니다. 그들은 당신을 보며 "여전히 열심히 노력하고 있군" "정말 믿음직한 사람이야" "나도 좀 더 노력해볼까?"라고 생각하게 되겠지요.

"나는 혼자가 아니다"라고 생각하면 두 주먹을 불끈 쥐고 좀 더 버텨볼 수 있지 않을까요?

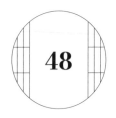

48

약한 사람을 돕는 일은
강하게 태어난 사람의 책무랍니다.
책임을 가지고
평생 이루어야 하는 사명이죠.
그걸 절대 잊지 않도록 하세요.

렌고쿠 루카 / 제64화 「상현의 힘·주의 힘」

지켜야 할 소중한 사람이 있는 너에게 하는 말

비기인 제9형 '렌고쿠 파괴살·멸식'으로 상현 3 아카자를 공격하는 쿄쥬로. 하지만 싸우던 중 아카자의 팔이 쿄쥬로의 몸에 박히게 됩니다. 그때 아카자에게 "혈귀가 되어라!! 혈귀가 되겠다고 말해라!! 넌 선택받은 강한 자다!!!"라는 말을 듣고 쿄쥬로는 과거를 회상하기 시작합니다. 그의 기억 속에서 나타난 것은 어머니인 렌고쿠 루카의 모습이었습니다.

어머니는 쿄쥬로에게 묻습니다.

"쿄쥬로가 왜 남들보다 강하게 태어났는지 알고 있나요?"

이번 주제의 말은 자신의 목숨이 얼마 남지 않았음을 알아차린 어머니 루카가 쿄쥬로에게 남긴 말입니다.

당신은 자신이 강하다고 생각하나요, 약하다고 생각하나요? 아마 항상 강하거나 항상 약한 사람은 그렇게 많지 않을 것입니다. 사람은 어느 때는 강하기도 하고, 어느 때는 약하기도 하니까요. 그리고 '어느 때'는 그때 마주친 사람이나 장소, 상황에 따라서 달라지는 법입니다.

그래서 똑같은 사람이라도 실력 있는 선배들 사이에서는 미숙한 존재가 되기도 하고, 후배들 사이에서는 모두를 이끌어가는 존재가 되기도 합니다. 당신도 그런 경험을 해본 적이 있나요?

사람은 모두 강자이면서 약자입니다. 강함과 약함은 어디까지나 상대적입니다. 즉, 원래 강자와 약자가 있는 것이 아니라 상대에 따라 강자와 약자가 되는 것입니다.

사람은 누구나 강자가 될 수도 있고 약자가 될 수도 있다는 사실을 알면 자신이 강자로 있을 때, 어떻게 행동해야 할지가 분명해지겠지요. 쿄쥬로의 어머니가 말한 것처럼 강자는 약자를 도와주고 지켜주어야 합니다. 이것은 오직 인간만이 할 수 있는 행동 원리입니다.

자연계의 원칙은 약육강식입니다. 약자는 강자에게 생명을 위협받고, 강자는 더 강한 자에게 생명의 위협을 받습니다. 강자가 약자를 구하는 것은 DNA에 근거해 자손을 남기기 위함이라는, 어느 의미에서는 냉정한 이유입니다. 같은 종류의 생물이 살아남기 위해 서로 싸우기도 합니다. 거기에는 약자에 대한 따뜻한 시선이 존재하지 않습니다.

아카자가 쿄쥬로에게 말한 '선택받은 강한 자'도 자연계의 법칙에 따른 강자이겠지요. 하지만 쿄쥬로는 약자를 지배하는 혈귀가 되기를 거부하고, 최후의 순간까지 약한 사람을 지킵니다. 즉, 최후의 순간까지 인간임을 선택하는 것입니다.

그러니 만약 당신이 강한 사람이라면, 당신보다 약한 사람을 도와주고 지켜주십시오. 그것을 당신의 책무나 사명으로 삼아주십시오. 그것이 당신을 인간답게 만드는 가장 중요한 행동이니까요.

49

태어났을 때는
누구나 연약한 갓난아기야.
누군가의 도움 없이는
살아갈 수 없어.
누군가가 지켜주고 도와주었기에
지금 이렇게 살아 있는 거야.

카마도 탄지로 / 제148화 「부딪치다」

남의 도움을 잘 받지 못하는 너에게 하는 말

토미오카 기유와 함께 상현 3 아카자와 대치하는 탄지로.

"약자는 역겨워. 구역질 나. 도태되는 건 자연의 섭리일 뿐이야."

약자를 싫어하는 아카자는 이렇게 말하지만, 탄지로는 그 말을 단호하게 부정합니다.

"네가 지금 그곳에 있는 것 자체가 증거야. (⋯) 누군가가 지켜주고 도와주었기에 지금 이렇게 살아 있는 거야."

그리고 귀살대 후배를 지키다 목숨을 잃은 쿄쥬로의 원수를 갚기 위해, 탄지로는 온몸의 힘을 끌어올립니다. 이번 주제의 말은 쿄쥬로의 마음을 이어받은 탄지로가 인간 시절의 아카자에게 전하듯 한 말입니다.

어린아이가 부모나 아는 사람 외의 다른 사람을 두려워하는 것은 인간의 방어 본능 때문입니다. 갓난아기가 큰 소리로 우는 것은 누군가를 불러서 도움을 받지 않으면 혼자서는 살아갈 수 없기 때문이지요. 이처럼 이 세상의 모든 사람은 원래 약하고 도움을 필요로 하는 존재입니다.

"누군가의 도움 없이는 살아갈 수 없다"라고 하면 과장처럼 들릴지도 모르겠지만, 아무리 생명력이 강한 사람이라도 혼자 힘으로는 이 세상에 태어나고 성장할 수 없습니다. 당신을 지금까지 키워준 사람은 부모님 말고도 학교 선생님과 동급생, 선배, 이웃, 기숙사 사감 선생님, 친척이나 형제자매 등 많습니다. 즉, **지금 당신이 살아 있는 것은 많은 사람이 당신을 도와준 덕분입니다.**

약하고 지켜주어야 할 존재는 비단 갓난아기나 어린아이만이 아닙니다. 다친 사람이나 병든 사람, 신입사원이나 그 분야의 경험이 없는 신참도 마찬가지입니다. 특히 신참은 이제막 그 세계에 발을 들여놓은 0세 아이와 같은 상황으로, 앞에 있는 것이 음식인지 독인지도 모르는 위험한 상태입니다. 그래서 처음 일을 하거나 회사에 들어가거나 새로운 일을 시작할 때에는 선생님이나 선배처럼 부모를 대신할 존재가 필요합니다.

당신은 누군가의 부모가 되어준 경험이 있나요? 누군가를 도와주거나 지켜주거나 키워준 적이 있나요? 그때 어떤 마음이 들었나요?

누군가에게 무언가를 가르치는 일은 배우는 쪽과 가르치는 쪽 모두가 크게 성장할 수 있는 절호의 기회입니다. 누군가를 가르치면 그 분야에 대한 이해가 더욱 깊어질 뿐만 아니라, 가르치는 쪽의 입장, 그리고 예전에 자신이 그러했듯이 배우는 쪽의 상황을 모두 알게 됨으로써 여러 가지를 깨우칠 수 있습니다.

"나는 무엇을 위해 존재하고 있는가. 내가 살아 있는 의미는 무엇인가."

만약 당신의 마음속에 이런 생각이 있다면, 지금까지 많은 사람의 도움으로 그 자리에 있다는 사실을 떠올리기 바랍니다. **당신이 지금 살아 있는 데에는 명확한 이유가 있습니다.**

그리고 작은 것이라도 좋으니 누군가를 도와 당신이 받은 것을 다음 세대와 다음 시대로 넘겨주어, 조금이라도 더 좋은 사회를 만드는 데 보탬이 되시기 바랍니다.

50

우린 동료니까.
형제 같은 사이니까.
누군가 올바른 길에서
벗어날 것 같으면
다 같이 막아주자.
아무리 힘들고 괴로워도
올바른 길을 걸어가자.

카마도 탄지로 / 제201화 「혈귀 왕」

소중한 사람을 도와주고 싶어 하는 너에게 하는 말

마침내 키부츠지 무잔을 쓰러뜨렸지만, 탄지로는 무잔의 책략으로 무잔의 피와 힘을 받아서 최강의 혈귀 왕이 되어버립니다. 죽은 줄 알았던 탄지로는 혈귀로 되살아나 갑자기 근처에 있던 은(隱, 귀살대의 사후 처리 부대)의 목을 노리고 공격을 가합니다.

기유가 햇빛으로 탄지로를 죽이려고 하지만 탄지로는 도망치려고 마구 난동을 부립니다. 이노스케가 눈앞에 나타난 탄지로의 목을 베려고 칼을 치켜든 순간, 그의 머릿속에 탄지로와 함께했던 과거의 기억이 되살아납니다. 이번 주제의 말은 탄지로, 이노스케, 젠이츠가 같이 단련했을 때, 탄지로가 했던 약속의 말입니다.

개인의 시대가 된 현대에는 혼자 있는 편이 마음 편해서 좋다는 사람도 적지 않습니다. 반면에 SNS가 일반화되면서 온라인 교류가 생겨나고, 그곳에서 만난 사람들도 현실의 동료처럼 소중한 존재가 될 가능성이 커졌습니다.

이런 점을 보면 사람 간의 관계나 유대감이 희박해지고 있는 것은 아닙니다. 오히려 현실 사회에서는 개인 시간이 늘어나는 반면, 온라인상에서 다른 사람과 공유하는 시간이 늘어나면서 온라인 관계가 현실 사회의 관계보다 깊어질 수도 있습니다.

이때 현실이든 온라인이든 거리나 관계성이 너무 가까우면 오히려 마음이 잘 전해지지 않아, 양쪽 사이에 격차가 생기는 경우가 있습니다.

그럼에도 소중한 친구가 잘못된 일을 하고 있을 때나 올바른 길에서 벗어나려고 할 때는 온 힘을 다해 말릴 용기가 필요합니다. 동료가 올바른 길에서 벗어나면 좋지 않은 일이 생길 수도 있고, 그러면 당신은 그에 대한 걱정으로 괴롭고 힘든 시간을 보내야 합니다. 때로는 분노를 느낄 만큼 강한 감정에 사로잡힐지도 모릅니다. 물론 그때 느끼는 강한 감정은 애정의 반증입니다. 사랑의 반대는 증오가 아니라 무관심이라는 말이 있듯이, 그 사람에게 관심과 애정이 없다면 아무런 감정도 느껴지지 않을 테니까요.

그런데 누군가의 생각을 바꾸거나 행동을 말리는 일은 그 사람과 가까울수록 어렵습니다. 상대에 대한 마음이 강하면 강할수록 냉정하게 판단해 대처할 수 없기 때문입니다. 탄지로는 그런 사실을 알고 있었기에 무슨 일이 일어나기 전에 동료와 약속을 해둔 것이겠지요.

당신에게는 소중한 동료와 나눈 특별한 약속이 있나요? 기억을 더듬어서 동료가 한 말을 하나씩 떠올려보십시오. 언젠가 그 약속이 당신도, 그 동료도 구하게 될지도 모르니까요.

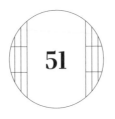

51

추억이 남아 있는
그 행복한 나날은
나와 네즈코가 있는 한
결코 사라지지 않아.

카마도 탄지로 / 제203화 「숱한 마중물」

진정한 자신을 되찾고 싶은 너에게 하는 말

키부츠지 무잔에 의해 혈귀로 변해 의식을 잃고 마음속 세계를 방황하는 탄지로.

"혈귀 따위는 되면 안 돼. 나랑 같이 집으로 돌아가자."

네즈코가 호소해도 무잔은 탄지로를 붙잡습니다.

"네 가족은 다 죽었잖아. 시체만 파묻혀 있는 집으로 돌아가서 뭐 하게? 너 혼자만 아무것도 잃지 않고 태평하게 살아남을 거야?"

그런 무잔의 말에도 불구하고 네즈코의 호소와 생명을 잃은 귀살대원, 살아 있는 동료 덕분에 탄지로는 인간으로 돌아옵니다. 이번 주제의 말은 동료와의 추억을 떠올리며 인간으로 눈을 떴을 때, 탄지로가 마음속으로 한 말입니다.

당신에게는 잊을 수 없는 소중한 추억이 있나요? 가족과 함께 지낸 어린 시절의 즐거운 추억이나 동아리에서 하나의 목표를 향해 친구들과 열심히 노력했던 추억, 사귀던 애인과 헤어진 추억 등 누구나 마음 깊은 곳에 소중한 추억 하나쯤은 가지고 있을 것입니다.

'노스탤지어'라는 단어가 있습니다. 이 단어는 고향을 몹시 그리워하는 마음, 또는 지난 시절에 대한 그리움을 뜻합니다. 최근 연구에 따르면 과거를 그리워하는 마음은 자기 평가를 높이고, 인생의 의미를 찾거나 고독에 맞서는 데 도움이 되는 등 좋은 점이 많다고 합니다.

단, 중요한 점은 과거를 떠올린 후 그 추억을 어떻게 대하느냐입니다. 어떤 종류의 추억을 언제 떠올리느냐에 따라서 얻을 수 있는 효과가 달라지기 때문입니다. 과거의 좋은 추억이나 경험이 인생을 풍요롭게 만든다고 생각하는 사람은 과거의 추억에서 긍정적인 효과를 얻을 수 있습니다.

반면 과거와 현재를 비교해 그 격차를 부정적으로 받아들이는 사람은 과거의 좋은 경험을 무용지물로 만들어버립니다. 또한 과거의 영광에 사로잡힌 사람은 현실을 받아들이지 못하고, 새로운 만남이나 도전을 피하기도 합니다.

미국의 한 심리학 전문지에 따르면 과거의 추억을 생각하며 부정적인 감정에 휩싸이지 않으려면, 자신의 과거와 현재를 비교하지 말고, 지금 자신이 있는 것은 과거 덕분이라고 포착하며 과거와 현재를 연결해야 한다고 합니다.

탄지로는 소중한 가족이나 동료를 떠올림으로써 무잔의

말을 뿌리치고, 인간의 자아를 되찾을 수 있었습니다. 이처럼 마음 깊은 곳에 있는 동료와의 소중한 추억 또한 부정적인 감정을 떨쳐내고 자아를 되찾는 힘이 됩니다.

　살다 보면 일이 잘 풀리지 않거나, 무엇 때문에 사는지 모르거나, 자신이 하는 일에서 가치를 찾을 수 없을 때가 있을지도 모릅니다. 그럴 때는 반드시 과거의 기억을 떠올려, 그 마음을 앞으로 나아가는 힘으로 바꾸시기 바랍니다.

52

너무도 많은 것을 잃었어.

그래도 우리는

살아가지 않으면 안 돼.

이 몸에 내일이 오는 한.

카마도 탄지로 / 제204화 「혈귀 없는 세상」

슬픔을 극복하기로 결심한 너에게 하는 말

키부츠지 무잔과의 격투가 끝나고 세 달이 지났지만, 팔을 제대로 움직이지 못해 병원에서 요양하는 탄지로. 귀살대는 시나즈가와 사네미와 토미오카 기유만 '주'로 남기고 해산하게 됩니다. 이후 탄지로는 죽은 대원들의 무덤에 꽃을 바치고 집으로 돌아와 네즈코, 젠이츠, 이노스케와 함께 살기 시작합니다. 이번 주제의 말은 세상을 떠난 많은 동료를 가슴에 묻고, 앞으로 나아가려는 탄지로가 스스로에게 한 말입니다.

살아 있는 모든 생명에는 한계가 있습니다. 늙고 쇠약해져서 생명이 다할 수도 있고, 몹쓸 병에 걸려 갑자기 생명을 잃을 수도 있으며, 사고나 사건 같은 외부적인 요인에 의해 생명이 끝날 수도 있지요.

가족과 친구는 물론이고 직장 동료, SNS에서 만난 사람 등, 아는 사람의 숫자만큼 이별을 경험할 가능성이 생깁니다. 당신도 소중한 사람과 이별한 경험이 몇 번 있지 않나요?

소중한 사람의 죽음을 경험하면 남겨진 사람은 스스로에게 말합니다.

"그 사람은 하늘에서 나를 지켜보고 있을 거야" "그의 영혼은 항상 내 곁에 있어" "지금은 잠시 떨어져 있는 것뿐이야"
라고요. 하지만 자신도 모르게 그를 떠올리고 그 사람과의 추
억을 생각하면 슬픔이 밀려오곤 합니다. 소중한 사람을 잃었
다는 현실을 이해하는 과정은 매우 괴롭습니다.

그럼 소중한 사람과의 이별을 극복하려면 어떻게 해야
할까요? 그 괴로운 마음을 소중한 동료와 공유하면서 세상을
떠난 사람이 당신에게 맡긴 사명을 찾아내야 합니다.
옛날에는 소중한 사람이 세상을 떠나면 상중(喪中)이라는
기간을 두었습니다. 가까운 사람이 세상을 떠났을 때, 그의 죽
음을 슬퍼하고 일정 기간 세상과의 관계를 피하면서 조용하
게 사는 것입니다. 또한 세상을 떠난 사람을 아는 이들이 모여
서 추억을 이야기하고 슬픔을 공유하면서 조금씩 슬픔을 치
유하는 기간이기도 합니다.

생전에 아무리 잘해주고 따뜻하게 대해주었어도, 세상을
떠난 사람을 생각하면 후회와 미련이 남습니다.
"살아 있었다면 더 많은 일을 할 수 있었을 텐데."
"그 사람과 이런저런 일을 함께하고 싶었는데."

"내 마음을 전할 수 있었으면 좋았을 텐데."

이는 매우 자연스러운 감정입니다. 열심히 했지만 실패한 일보다 하지 않은 일에 대한 후회와 미련이 큰 법이니까요. 하지만 시선을 과거 대신 미래에 두면 어떨까요? 세상을 떠난 사람들이 당신에게 맡긴 사명으로 눈을 돌리는 것입니다.

『귀멸의 칼날』의 클라이맥스에서는 탄지로 일행의 자손과, 윤회로 다시 태어난 동료들의 현재 모습이 등장합니다. 탄지로와 동료들이 싸워준 덕분에 혈귀가 없는 평화로운 세상이 되었지만, 모든 인물의 각오와 마음은 누군가에게 전해져 계속 이어질 것입니다.

마치 현재를 살아가는 우리의 인생과 성장이, 자신이 모르는 과거와 이어져 있음을 떠올리게 하는 장면 같지 않나요?

세상을 떠난 소중한 사람을 위해서 우리가 할 수 있는 일은 그들의 마음을 이어받아 앞으로 걸어가는 것입니다. 우리 모두 잃어버린 소중한 사람과 소중한 것들이 마음속에 살아 있다고 믿고, 스스로 길을 개척해 걸어가보는 건 어떨까요?

「귀멸의 칼날」의 꺾이지 않는 마음을 만드는 말

ⓒ 후지데라 쿠니미츠, 2024

초판 1쇄 인쇄일   2024년 5월 7일
초판 1쇄 발행일   2024년 5월 20일

지은이   후지데라 쿠니미츠
옮긴이   이선희
펴낸이   정은영
편집   전지영 전유진 최찬미
디자인   이도이
마케팅   최금순 이언영 연병선 윤선애 최문실
제작   홍동근

펴낸곳   ㈜자음과모음
출판등록   2001년 11월 28일 제2001-000259호
주소   10881 경기도 파주시 회동길 325-20
전화   편집부 (02)324-2347, 경영지원부 (02)325-6047
팩스   편집부 (02)324-2348, 경영지원부 (02)2648-1311
이메일   munhak@jamobook.com

ISBN 978-89-544-5055-3 (03190)